本书获安徽省高校学科（专业）拔尖人才学术资助项目
（编号：gxbjZD2020005）资助

中国城乡居民代际收入流动性研究

方　鸣◎著

人民出版社

序　言

改革开放以来，中国经济取得了快速的增长，居民收入水平大幅提升。与此同时，中国的收入差距也在不断扩大。收入差距问题不仅成为国内外社会各界广泛关注的热门话题，经济学家以及相关政策制定者也从不同的角度对收入分配进行了广泛的研究。中国居民收入差距的表现形式多种多样，有城乡收入差距、地区收入差距、行业收入差距等。从微观层面分析收入分配问题时，家庭收入差距也是一种重要的表现形式。在分析家庭收入差距时，一方面，应该对同一代人不同家庭之间的收入差距进行研究；另一方面，也应该分析同一家庭不同代人之间的收入不平等，即收入的代际流动性。然而在前人的研究中，比较常见的是利用洛伦茨曲线、基尼系数和泰尔指数来衡量收入差距，尽管利用洛伦茨曲线、基尼系数和泰尔指数等方法所进行的分解分析对于我们理解收入差距的本身及其变化非常重要，但是它并不能为我们提供收入差距之外的原因解释。

代际收入流动衡量的是一个人的收入在多大程度上由其上一代人的收入决定，一般用代际收入弹性来测度代际收入流动性，即子辈收入对父辈收入的弹性。一个社会的代际收入弹性越大、代际收入流动性越小，反映出社会的机会不平等程度越高，反之亦反。代际收入流动性分析是对洛伦茨曲线、基尼系数和泰尔指数等静态指标的补充。通过对代际收入流动性的研究，使得人们对于收入分配的研究和认识不仅仅是停留在对结果的静态观察上，而得以从动态的视角来阐释收入分配领域的相关问题。在分析收入分配问题时，一方面，要研究收入分配的不平等程度；另一方面，特别是需要深入研究代际不平等的变化程度，即父辈所面临的收入不平等是否影响以及在多大程度上影响子辈的收入不平等。

现阶段，中国城乡居民的代际收入流动性程度有多大？居民代际间的收入是以何种路径得以传递？城乡居民代际收入流动性与收入不平等之间存在什么关系？通过什么途径可以有效增加当前居民的代际收入流动性特别是向上的代际收入流动，防止贫困的代际传递？上述问题的分析和解决有助于全面理解和认识当前中国收入差距扩大的现象，阻止贫困的代际传递，增进社会的公正与和谐。

本书通过测度中国居民的代际收入弹性，并在此基础上深入考察居民代际收入传递背后的机制，分析代际收入流动性与收入不平等之间的关系，进而从动态的视角来阐释当前中国收入差距扩大的原因，寻找增加中国居民的代际收入流动性，阻止贫困代际传递的解决途径，据此提出相关政策建议。全书主要的研究内容包括以下三个方面：

首先，通过测度城乡居民的代际收入流动性，得出居民代际收入流动性的变化趋势，从总体上把握现阶段中国居民的代际收入流动性状况，并对中国城乡居民代际收入流动性存在的差异进行分析。研究发现：第一，整体样本、城镇样本和农村样本的测度结果都显示，中国居民存在明显的代际收入传递效应，代际收入流动性较差。就流动趋势而言，整体样本、城镇样本和农村样本收入分配两端组群的代际流动都较为封闭。第二，代际收入弹性表现出显著的地区差异，东部和中部地区的代际收入弹性显著高于西部地区。就流动趋势而言，三大地区收入分配两端组群的代际收入流动都较为封闭，但从东到西，表现出高收入群体子辈收入向下流动的趋势逐渐增强，低收入群体子辈向上流动的趋势逐渐减弱的特征。第三，与低收入群体相比，高收入群体的子辈收入受父辈收入的影响程度更大。从内部的流动趋势看，对于高收入群体，处于收入五分位两端的组群代际收入传递性都较高，但内部流动相对活跃；而对于低收入群体，处于收入五分位低端的组群代际收入的传递性更高，但内部流动不够频繁。

其次，基于持久性收入的代际收入传递分解方法，通过线性回归法和分位回归法对中国居民的代际收入传递机制分 12 条路径进行了分解，结果表明：第一，中国居民代际收入的传递主要是通过社会资本这一路径，其次为教育投资，而影响程度最小的是健康投资。这种传递路径是我国目前大多数地区的表现形式。第二，和农村地区相比，社会资本和教育对城镇地区的代际收入传递的贡献率更大，但是在农村地区的代际收入传递中健康的贡献率远远高于城镇地区。第三，对于东部地区而言，对代际收入传递的贡献率最高的是教育，其次才是社会资本，而且东部地区中社会资本对代际收入传递的贡献率低于中部地区和西部地区，但是西部地区和中部地区健康的贡献率高于东部地区。第四，和较低收入群体相比，社会资本对较高收入群体的代际收入传递的影响远远大于较低收入群体，这说明社会资本在较高收入群体的回报率高于较低收入群体。另外，回归结果也显示出：教育对较低收入群体的代际收入传递的影响大于较高收入群体。第五，从分位回归的结果来看，和全体样本一样，对处于任何收入分位组群而言，社会资本都是其代际收入传递的主要途径，教育其次，健康的贡献率最弱。但是和处在最低收入分位组群相比，社会资本对较高收入群体的代际收入传递的影响更大。另外，结果也显示出：教育和健康对处在收入分位低端组群的代际收入传递的影响高于较高收入群体。第六，和全体样本一样，不管是在农村地区还是城镇地区，对处于任何收入分位组群的子辈而言，社会资本都是其代际收入传递的主要途径，教育其次，健康的贡献率最弱。社会资本和教育对城镇地区不同收入分位组群的代际收入传递的影响稍高于对农村地区不同收入分位组群的影响。同时，健康对农村地区不同收入分位组群的代际收入传递的贡献要远远高于城镇地区，这种影响在低收入群体中表现得尤为突出。第七，对于不同收入分位组群而言，中部地区和西部地区的代际收入传递路径的贡献率特征基本上和全体样本的特征一致，贡献率最高的是社会资本，其次为教育，再次为健康。然而对于东部地区而言，对不同收入分位组群代际收入传递贡献最高的是教育，其次才是社会资本。教育对东部地区不同收入分位组群的代际收入传递的贡献相比较于中西部地区更大。健康对西部地区不同收入分位组群的代际收入传递的贡献更大，这在低收入群体中表现得尤为突出。第八，和全体样本一样，不管是对于较高收入父辈群体还是较低收入父辈群体，对处于任何收入分位组群的子辈而言，社会资本都是其代际收入传递的主要途径，教育其次，健康的贡献率最弱。和较低收入父辈相比，社会资本对较高收入父辈中不同收入分位组群的代际收入传递的贡献率更大，这种影响在高收入子辈中表现得尤为突出。教育对较低收入父辈中不同收入分位子辈组群的代际收入传递的贡献更大。回归结果还显示：健康对低收入父辈中不同收入分位组群的代际收入传递的贡献要远远高于高收入父辈，这种影响在低收入子辈群体中表现得尤为突出。

最后，本书采用指数测算和回归分析探讨了代际收入流动性对于收入不平等的作用，主要包括两个部分：第一，根据“收入流动作为长期收入均衡器的推动（Progressivity）指标”，本书构建了 InterP 指数以测算不同时期父辈收入不平等是否推动了子辈收入不平等，指数测算显示：相对于父辈，子辈的收入不平等状况表现为进一步恶化的趋势，表明父辈的收入不平等推动了子辈的收入不平等。第二，考虑到 InterP 指数测算存在一定局限性，本书进一步使用联立方程模型估计了代际收入弹性与收入不平等的相互关系，回归分析结果表明：收入不平等程度的上升降低了代际收入流动性，而较低的代际收入流动性导致了收入不平等状况的进一步恶化。要打破收入不平等对机会不平等的负面影响，增加教育投入、完善劳动力市场是必要措施。

目　录

绪 论

第一节 问题的提出

改革开放以来，中国经济取得了快速的增长，居民收入水平大幅提升。与此同时，中国的收入差距也在不断扩大。根据中国社会科学院经济研究所收入分配课题组的估计结果，1988 年全国的基尼系数为 0.382，到 2002 年，该课题组的调查结果显示该年全国的基尼系数接近 0.46。而据国家统计局统计公布的 2003—2014 年我国的基尼系数均在 0.47 以上，高于 0.4 的警戒线。最高的 5% 人群组的平均收入是最低的 5% 人群组的 33 倍，最高的 10% 人群组的平均收入是最低的 10% 人群组的 19 倍（李实，2007）。

不同群体间的收入差距关系到社会的和谐稳定。党的十八届三中全会提出，要实现发展成果更多更公平惠及全体人民，形成合理有序的收入分配格局。党的十九大报告指出，必须始终把人民利益摆在至高无上的地位，让改革发展成果更多更公平惠及全体人民，朝着实现全体人民共同富裕不断迈进，加快推进基本公共服务均等化，缩小收入分配差距。收入差距的持续扩大已经引起了社会大众的广泛关注，收入分配问题连续多年在新华网、人民网等媒体组织的“两会”热点调查中入选“十大热点话题”。在对大众社会公平感的调查中，“收入差距的公平感”比 2006 年下降了 11 个百分点，仅为 28.58%，位列社会公平感全部调查领域的最后一位，意味着贫富分化对社会公正的损害仍在加剧（汝信等，2008）。

虽然收入差距问题引起了公众的极大关注，但有学者和政策制定者认为不能简单地看贫富差距究竟有多大（索希尔，2000），当前我国收入分配领域存在的主要问题，不仅仅是表面上的收入分配差距扩大的问题，而是影响收入分配的机会不平等以及由此造成的机会分配的不公正问题，这有可能是导致收入差距扩大的重要原因之一。因而在分析收入分配的相关问题时，不仅仅需要研究收入分配的结果，同时还需要深入探究收入不平等产生的原因是什么。现阶段，学者们已就机会不平等与结果不平等之间的内在关系达成基本共识，认为机会不平等是导致其他一切不平等的根本原因，是最大的不平等。如果存在机会不平等、过程不平等以及结果不平等，社会大众最无法接受的是机会不平等，因为机会平等与否在一定程度上决定着结果是否平等，机会不平等带来的是一个人无法通过努力改变自身的收入状况和社会地位，往往外部环境等因素内在地决定了个人的收入分配状况（权衡，2008）。刘波等（2015）和史新杰等（2018）使用中国综合社会调查（Chinese General Social Survey，CGSS）数据研究表明，目前中国的收入不平等在很大程度上是由机会不平等造成的。

目前在衡量收入差距的有关方法中，比较常用的是洛伦茨曲线、基尼系数和泰尔指数等，然而这些方法只涉及对收入分配结果的平等程度进行测算和评价。尽管利用洛伦茨曲线、基尼系数和泰尔指数等方法所进行的分解分析对于我们理解收入差距的本身及其变化非常重要，但是它并不能为我们提供收入差距之外的原因解释。

国外学者的相关研究表明，对于导致收入差距扩大与持续存在的主要因素——机会不平等，可以运用代际流动性的大小加以测量，即衡量一个社会的收入分配领域中是否存在着机会的平等以及机会平等的程度如何，可以通过判断父母的教育程度、社会地位以及收入状况在多大程度上决定子女的教育、职业选择及其收入状况（索伦，1999；切奇和佩拉吉，2010）。

代际收入流动（Intergenerational Income Mobility）衡量的是一个人的收入受其上一代人收入影响的程度，一般用代际收入弹性来测度代际收入流动性，即子辈收入对父辈收入的弹性。一个社会的代际收入弹性越大、代际收入流动性越小，反映了社会的机会不平等程度越高；反之，一个社会的代际收入弹性越小，则收入代际流动性越大，说明对子辈收入受父辈收入这一先赋性因素的影响就越小，而子女的个人特质以及努力程度对其收入的影响可能更为显著，整个社会的机会不平等程度也就越低。代际收入流动性分析是对洛伦茨曲线、基尼系数和泰尔指数等静态指标的补充。

通过对代际收入流动性的研究，使得人们对于收入分配的研究和认识不仅仅是停留在对结果的静态观察上，而得以从动态的视角来阐释收入分配领域的相关问题。在分析收入分配问题时，一方面，要研究收入分配的不平等程度；另一方面，特别是需要深入研究代际收入不平等的变化程度，即父辈所面临的收入不平等是否影响以及在多大程度上影响子辈的收入不平等。

20 世纪 90 年代以来，伴随着中国经济的快速发展，中国居民的收入分配格局发生了巨大的变化，城乡间的收入差距、地区间的收入差距以及行业间的收入差距逐步扩大。收入差距的扩大使得拥有较多经济资本和丰裕社会资本的高收入群体可以通过各种途径，比如帮助子辈获取就业信息，为子辈提供更多更好的就业机会，或者给子辈直接提供财政支持等，使其子辈在收入上仍然处于较为明显的优势地位，然而对于低收入群体而言，由于其摆脱贫困的能力和途径有限，难度较大，导致低收入群体家庭几代人长期贫困，可能陷入“贫困的陷阱”，贫困的代际传递趋势较为突出，这可能造成收入不公平的现象在代际间不断延续。

现阶段，中国城乡居民的代际收入流动性有多大？居民代际间的收入是以何种路径得以传递？代际收入流动性与收入不平等之间存在什么关系？通过什么途径可以有效增加当前居民的代际收入流动性特别是向上的代际收入流动，防止贫困的代际传递，从而缩小收入差距？上述问题的分析和解决有助于全面理解和认识当前中国收入差距扩大的现象，阻止贫困的代际传递，增进社会的公正与和谐。

第二节　研究目标与研究假说

一、研究目标

本书的总目标是通过测度中国居民的代际收入弹性，并在此基础上深入考察居民代际收入传递背后的机制，分析代际收入流动性与收入不平等之间的关系，进而从动态的视角来阐释当前中国收入差距扩大的原因，寻找增加中国居民的代际收入流动性，阻止贫困的代际传递的解决途径，由此提出相关政策建议。研究的具体目标包括：①测度城乡居民的代际收入弹性，分析中国城乡居民代际收入流动性差异，考察代际收入流动的变化趋势。②分别基于人力资本和社会资本的角度，运用计量模型分析考察城乡居民代际收入传递的机制，试图找出影响代际收入流动的因素。③检验中国居民代际收入流动性与收入不平等的内在关系。

二、研究假说

代际收入流动反映的是父辈和子辈两代人收入之间的相关性，主要关注父辈经济收入和子辈成人以后的经济收入之间存在的关系。如果父辈和子辈两者收入之间存在较强的相关性，则说明父辈对子辈经济收入的影响较大，代际收入流动性较弱，反之亦反（韩军辉，2009）。对于中国这样一个典型的二元经济社会而言，城镇居民和农村居民的社会环境、经济水平等存在显著的差异，仅考察整体的代际收入流动性可能会忽略外部因素的影响，因而需要分别进行测算。此外，由于中国地域间的经济发展水平、教育的回报率以及劳动力市场完善程度等都存在明显的差异，可能使得代际收入流动性在地域间有所差异，特别是不同地区的农村居民的收入结构有所不同，如东部地区农民的收入结构中非农收入比重较大，而中西部地区农民的收入结构中农业收入比重较大，这可能造成代际收入传递机制存在地区间差异，分地区测算有助于进一步深入考察代际收入传递机制。再次，初始的资源禀赋也会影响代际收入流动性，因而代际收入流动性在高收入群体和低收入群体之间也可能存在差异。据此，本书提出如下研究假说：

研究假说一：中国城乡居民间的代际收入流动性存在差异，差异性主要表现在农村居民和城镇居民之间、地区之间以及高收入群体和低收入群体之间。本书拟通过代际收入弹性来反映这种差异，验证该假说。

加里·索伦（Gary Solon，1999）在回顾美国对于代际收入弹性的研究时评价，“认识到代际收入弹性比我们曾经认为的要大，这是一个真正的进步”。通过代际收入弹性的测算，我们可以了解父辈收入对子辈收入的影响。然而，代际收入弹性的测算只是第一步，我们还需要进一步分析这种代际收入转移背后的传递机制。国外一些研究认为人力资本投资是收入代际转移的传递机制（爱德华和肖沃特，1999；雷斯托奇亚和乌鲁蒂亚，2004）。还有一些文献也提出社会资本禀赋是收入代际转移背后的原因（边燕杰，2001；王敏等，2008）。由此，对于中国居民代际间收入的传递机制提出如下假说：

研究假说二：中国居民的代际收入传递主要通过人力资本投资和社会资本传递两个路径实现。首先，中国居民的代际收入传递可以通过父辈对子辈的人力资本投资得以实现，父辈可通过影响子辈的教育水平、健康水平等来影响子女的收入。城乡居民以及不同收入群体之间对子辈人力资本投资的不同会导致代际收入流动性存在差异。其次，中国居民的代际收入传递可以通过父辈的社会资本禀赋的传递得以实现。在劳动力市场不完善的情况下，由于城乡居民以及不同收入群体的父辈之间所拥有的社会资本的差异，可能会影响子辈的就业状态、职业类型，从而间接地决定子辈的收入，导致收入的代际间传递。

较低的代际收入流动性使得子辈的收入水平在很大程度上受到父辈影响。在此状况下，城镇居民、高收入群体的子辈在受教育水平、职业选择方面的优势保证了他们处于较高的收入水平；农村居民、低收入群体的子辈则在这些方面处于相对劣势，从而可能导致其处于收入分配的较低端。反之，较高的代际收入流动性则意味着农村居民、低收入群体的子辈可以获得更优质的教育资源和更为平等的就业机会，在通过后天努力后其可能流动至较高的收入组群，从而缓解收入差距扩大状况。但是，由于我国劳动力市场不完善，存在教育资源分配不公的现象，子辈在受教育以及就业过程中可能存在机会的不平等状况，最终导致收入不平等将通过机会不平等在代际间传递。基于此，提出如下假说：

研究假说三：收入不平等状况加剧时，将增加社会的机会不平等程度，而机会不平等程度的提高可能进一步恶化收入不平等。

第三节 技术路线与数据来源

一、技术路线

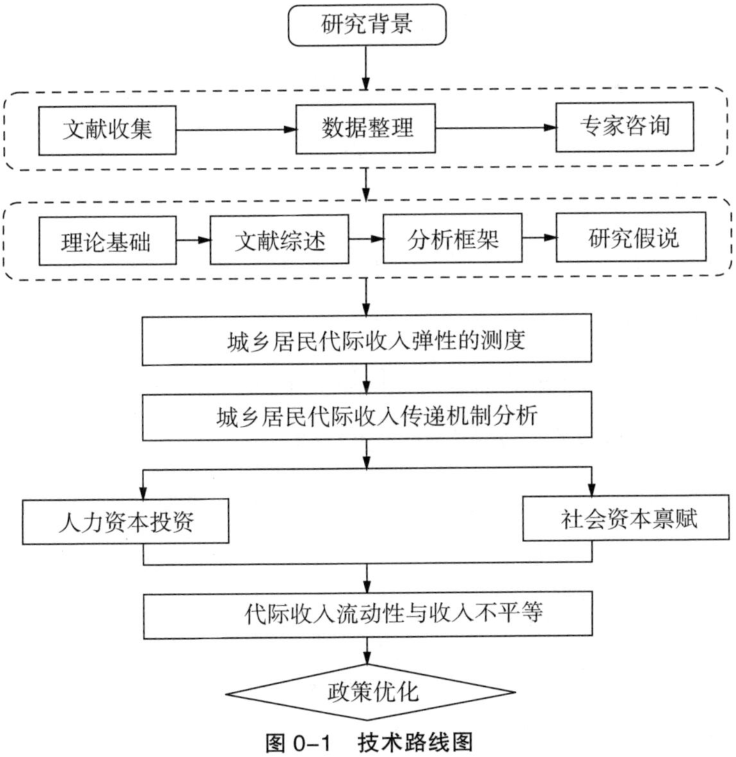

图 0–1 技术路线图

二、数据来源

本书所主要采用的是美国北卡来罗那大学教堂山分校和中国疾病与预防控制中心于1989年、1991年、1993年、1997年、2000年、2004年、2006年、2009年、2011年和2015年联合开展的中国健康与营养调查（China Health and Nutrition Survey，CHNS）的数据。该调查数据反映的是调查年份上一年度的相关信息，即1988年、1990年、1992年、1996年、1999年、2003年、2005年、2008年、2010年和2014年的信息。

CHNS数据库收集了包括有关家庭成员个体特征（如年龄和教育水平）、个人工作单位所有制、职业类型、工资水平、健康状况以及家庭收入等方面的信息，也包括了家庭时间分配状况、医疗保险、计划生育、体能状况、家庭营养、劳动参与状况、财产所有状况等方面的内容，涵盖了非常丰富的家庭和个体信息。

该调查采用多阶段随机抽样的方法，首先在每个省份中选取该省份的省会城镇和较低收入水平的城镇作为城镇样本，再在确定的城镇样本中随机抽取城区和郊区作为具体调查的城市区域；在每个省份中按照收入水平（即按照高收入水平、中收入水平和低收入水平的标准）和一定的权重随机抽取四个县，再在确定的样本县中随机抽取村和镇作为具体调查的农村区域（刘华，2007）。

样本覆盖了辽宁、黑龙江、江苏、山东、河南、湖北、湖南、广西和贵州9个省份的城镇和农村，涵盖了中国不同地理位置、不同经济发展水平、不同人口健康的地区，数据的地域分布在全国具有较好的代表性，在一定程度上可以较好地反映全国的总体水平。CHNS项目组在2011年之后的两次数据调查中将调查区域由原来的9个省份分别扩展到 12 个省份和 15 个省份，据此在流动性的测度上本书对数据进行更新，同时为了克服由于样本规模减少所带来的代际收入流动分析上的偏误问题，第四章以及第五章在研究过程中使用的是 CHNS 项目组 1989—2006 年间的 7 次连续追踪调查数据。

但值得注意的是，在已有的 10 次调查中，调查的区域和样本群体有一定的变化，如在 1992 年的调查中，如果原样本中的成员新组建了家庭，将仍然被看作是调查对象，这样就增加了一部分的调查样本，在 1996 年的调查中，不仅增加了对调查地区内新成立的家庭的调查，同时增加了一些家庭以代替那些不再参加调查的家庭，同时一些新的社区取代了不再参加调查的社区，比如由于辽宁无法继续参加调查，因而用黑龙江取代了辽宁，而在 1999 年的调查中，加入了新组建的家庭、代替的社区和家庭，在保留黑龙江的同时，辽宁又重新回到样本中来，一直到 2003 年的调查中，调查范围才一直保持在 9 个省份之内，没有大的变动，但新组建的家庭、新加入的家庭成员、新成立的社区仍然纳入调查，调查样本大约覆盖了 4440 个家庭[①]，16000 人[②]。尽管在每一年份中由于会有部分样本的缺失和新样本的加入，无法连续地对所有的个体进行追踪调查，但 CHNS 数据库本身采用的是对个体进行追踪调查的方法，因而所留下的样本仍然可以看作是一个面板数据，这个时间跨度近 30 年的数据库为本书的代际收入流动性研究提供了很好的数据支持。而且在 2008 年 11 月，CHNS 项

① 其中，1989 年、1991 年、1993 年、1997 年、2000 年、2004 年、2006 年的调查家庭数分别为 3795 户、3626 户、3441 户、3875 户、4403 户、6171 户。

② 其中，1989 年、1991 年、1993 年、1997 年、2000 年、2004 年、2006 年的调查人数分别为 15917 人、14778 人、13893 人、14426 人、15648 人、16269 人。

目组还对调查样本的收入数据进行了重新整理，并发布了面板结构的个人收入数据，有利于本书研究的进一步开展。

此外，为了结合宏观经济进行分析，本书的数据来源还包括历年的《中国统计年鉴》和《中国劳动统计年鉴》。

第四节 研究内容与本书结构

一、研究内容

（一）代际收入流动性的测度

本部分旨在测度城乡居民的代际收入流动性，探究居民代际收入流动性的变化趋势，主要的研究工作是验证研究假说一的内容。试图从总体上把握现阶段中国居民的代际收入流动性状况，分析中国城乡居民的代际收入流动存在的差异，考察在收入差距扩大现象的背后是否存在着代际收入的传递。

（二）代际收入传递的路径分析

在完成代际收入流动性测度的基础上，通过代际收入传递的分解方法与分位回归方法深入探究中国居民代际收入传递的路径，分析城乡居民的父辈对子辈的人力资本投资以及父辈的社会资本是否是导致代际收入传递的原因，验证研究假说二。

（三）代际收入流动性与收入不平等的内在关联

借鉴“收入流动作为长期收入均衡器的推动（Progressivity）指标”（P 指数），构建出“父辈收入作为子辈收入的推动指标”（InterP 指数）以测算父辈收入不平等对子辈收入不平等的影响程度，并在此基础上，进一步通过联立方程模型估计了代际收入流动性与收入不平等的内在关系，验证研究假说三。

二、本书结构

本书在构建总体分析框架的基础上，测度中国城乡居民代际收入的流动程度，厘清代际收入的传递路径，进而深入剖析代际收入流动性与收入不平等之间的关系，最后对研究结论进行总结并提出相关政策建议，以助于全面理解和认识当前中国收入差距扩大的现象，阻止贫困的代际传递，增进社会的公正与和谐。

第五节　可能的创新与不足

一、可能的创新

与相关研究相比，本书可能的创新之处在于：

（一）代际收入流动测度

与国外大量的相关研究相比，迄今为止国内关于代际收入流动的研究相对较少，研究仅停留在相关分析上，而且由于其大多使用的是单年数据，估计的代际收入弹性可能存在较大程度的偏误，本书利用收入均值法进行了测算，使得代际收入弹性的估计值更为准确。另外，现有文献并没有针对中国农村居民代际收入流动性的研究，仅有为数不多的研究人员对中国城镇居民的代际收入流动性进行了测度，显然对于中国这样一个典型的二元经济社会而言，分析并了解农村居民的代际收入流动性状况同样具有十分重要的现实意义，本书将农村和城镇相结合，分析了城乡居民、不同地区以及不同收入群体居民的代际收入流动性状况。

（二）代际收入传递路径分析

国内有关代际收入流动性的为数不多的研究仅仅涉及居民代际收入流动的测度，然而关注代际收入传递路径的研究并不多见，显而易见，揭示收入的代际传递路径，对代际收入弹性加以分解，了解隐藏在代际收入流动性背后的信息，较单纯的测度代际收入流动性具有更为重要的现实意义。在对中国城乡居民的代际收入流动性进行经验分析的基础上，本书进一步考察了城乡居民代际收入传递的 12 条路径，进而从一个新的视角较为全面地揭示了中国城乡居民代际收入传递的机制，以弥补现有研究的不足。

（三）代际收入流动性与收入不平等的关系分析

影响收入不平等背后的原因是机会不平等，但是关注这二者关系的研究非常有限，本书通过构建“InterP 指数”，并在此基础上利用联立方程模型实证分析了代际收入流动性与收入不平等之间的关系，研究视角更加新颖。

二、主要的不足

囿于本人的研究能力以及研究手段和数据资料的制约，本书仍存在一些有待完善的地方，主要表现在以下三方面：

第一，尽管本书在研究中利用了 CHNS 项目组跨度近 30 年的 10 次追踪调查数据，但由于研究数据要求为父辈与子辈的配对数据，并只保留了那些在 10 次调查中都出现过的样本，这直接导致了本书的数据样本量不够大，一定程度上会影响代际收入流动性的测度结果。另外，由于数据的限制，本书在研究过程中所使用的为父亲与儿子的匹配样本，并没有对父亲与女儿、母亲与儿子以及母亲与女儿之间的代际收入流动性状况进行分析，这是以后有待进一步研究的方向。

第二，由于研究数据的限制，本书在人力资本与社会资本测量指标的选取上存在不足，如果能够获取更加可靠的代理变量对人力资本与社会资本加以度量，并将其应用于代际收入传递机制的研究中，可能使研究更加有说服力。另外，由于代际收入传递的机制十分复杂，除了经由人力资本、社会资本传递外，还包括基因遗传、资产馈赠等途径，但是，鉴于这些指标均难以量化，且CHNS数据库也没有涉及，使得本书关于代际收入传递机制的分析不够深入和全面，这是今后需要继续完善的地方。

第三，在分析居民代际收入流动性与收入不平等的内在关系时，本书采用联立方程模型实证分析了两者间的关系，但是受到数据的限制，控制变量数量有限，可能缺乏说服力。另外，由于样本数量不足，本书难以对城乡居民的代际收入流动性与收入不平等之间的关系进行比较分析，这有待在日后的研究中加以完善。

第一章　理论回顾与文献综述

第一节　概念界定

一、代际收入流动

德克·范·德·盖尔等（Dirk Van De Gaer et al.，2001）指出代际流动（Intergenerational Mobility）具有三层含义：一是用以描述某种事物（如教育、职业）从一代到下一代相对位置变动的运动；二是作为机会平等的量度；三是作为生活运气的平等性的量度。

根据代际流动的第一层含义，代际收入流动就是指从一代到下一代收入的相对位置变动的程度。本书着重考虑的是另外两层含义，也即是将收入代际流动程度作为衡量代际收入公平的重要指标。在测度代际收入流动方面，一般采用代际收入弹性这一指标，即子辈收入对父辈收入的弹性。

代际收入弹性指的是一个人在总体收入分配中的地位由上一辈的地位所决定的程度，即父辈的收入对子辈收入的影响程度，更精确地说是子辈收入对父辈收入的弹性（王海港，2005）。而代际收入弹性也可以认为是代际收入传递性，即父辈的收入能够通过某些途径传递给子辈。

一个社会的代际收入弹性越大，子辈收入对父辈的依赖程度越高，那么代际收入流动性就越低，社会的机会不平等程度也就越高；反之，一个社会的代际收入弹性越小，子辈收入对父辈的依赖程度相对较低，那么代际收入流动性就越高，社会的机会不平等程度也就越低。

二、人力资本

对人力资本的研究最早可以追溯到斯密（Smith，1776）的《国富论》，斯密将劳动者的技能熟练程度，技巧和判断力以及进行教育投资的费用视为资本，但在他的研究中，仅关注了物质资本的作用，而没有考虑劳动者的知识、技能的作用。

费舍尔（Fisher，1906）首次明确提出了"人力资本"的概念，认为"人本身和人具有的种种能力也是财产"。伊特威兹等（Eatwezz et al.，1957）对人力资本的界定是"蕴含于人自身中的各种生产知识与技能的存量总和"。这些学者都是从知识和技能的角度对"人力资本"进行定义。

被称为"人力资本之父"的舒尔茨（Schultz，1964）明确了人力资本的内涵，并将人力资本的内涵进一步延伸，他认为："人力资本是体现在人身体上的知识、能力和健康的总和。"贝克尔（Becker，1963）的观点与之类似，认为人力资本包括了劳动者的智力、才干、知识、技能、健康和寿命等等。

我国学者李建民（1999）沿用了贝克尔（1963）的定义，指出人力资本是人们后天获得的具有经济价值的知识、技术、能力和健康等质量因素之和。朱舟（1999）进一步指出："人力资本较为完整的表述应该是通过劳动力市场工资和薪金决定机制进行间接市场定价的，由后天学校教育、家庭教育、职业培训、卫生保健、劳动力迁移和劳动力就业信息收集与扩展等途径而获得的，能提高投资受体未来劳动生产率和相应劳动市场工资的、凝结在投资受体身上的技能、学识、健康、道德水平和组织管理水平的总和。"

可以看出，无论是国外还是国内，多数学者认为人力资本主要包括三个内容，即技能、学识和健康。

三、社会资本

多数学者认为自布迪厄（Bourdieu，1986）所著的《资本形式》（*Forms of Capital*）一书的广泛传播，理论界才开始关注社会资本，并对此进行界定。

布迪厄（1986）认为"实际存在或潜在资源是与由相互默认或承认的关系所组成的社会网络有关"，即社会资本就是利用社会网络而把握了社会实际或潜在的资源。显然，社会资本存在于社会网络中。

格莱瑟（Glaeser，2002）则认为个体的社会资本是人力资本社会性的组成部分，社会资本存量既包括先天性能力（如社交技巧、个人魅力等），也包括后天投资所得（如社会关系网络等）。

科尔曼（Coleman，1999，中译本）认为社会资本就是社会结构资源作为个人拥有的资本，虽然社会资本与其他形式资本的相同之处在于都是生产性的，不同之处则是社会资本存在于人际关系的结构中。

奥斯特罗姆（Ostrom，1999）进一步明确了"社会资本"与其他资本形式的关系，认为"社会资本"是物质资本和人力资本的必要补充。不同于布迪厄（1986）、科尔曼（1999，中译本）和格莱瑟（2002）从个体微观角度的研究，波坦（Pourtan，1993）将社会资本提升到宏观层面，认为社会资本是属于全社会的社会资本，而非个人的社会资本。

布格尔斯迪克和史莫德斯（Beugelsdijk & Smulders，2004）总结了前人的观点，从微观和宏观两个层次较为全面地界定了社会资本，微观层次而言，社会资本指的是个人（或家庭）拥有的社会关系网络，通过这一关系网络，个人（或家庭）可以获得更加充分的信息，以更好地执行契约；宏观层次而言，社会资本指的是一种通过自发参与以及利用社会网络协调人际关系的社会结构，这种社会结构可以有效减少交易成本，从而提高经济绩效。

第二节　代际收入流动相关理论

一、人力资本理论中的代际收入流动性

贝克尔和托姆斯（Becker & Tomes，1979）是较早从人力资本角度探讨代际收入传递的学者，他们认为，在资本市场不完善的情况下，家庭在进行子辈的人力资本投资时将面临预算约束，难以从资本市场上获得相应的支持，对子辈进行的人力资本投资程度将取决于父辈的收入状况，即父辈的收入状况将影响到子辈的收入状况。贝克尔（1993）进一步将同代人之间的不平等（代内不平等）和不同代人之间的不平等（代际流动）纳入到统一的框架中，并从理论上分析了完全资本市场和不完全资本市场下的代际收入流动性问题。

贝克尔（1993）沿用贝克尔、托姆斯（1979）和贝凡（Bevan，

1979）的研究方法，假设人力资本禀赋（包括健康和文化等）可以通过随机线性函数或马尔科夫公式进行传递：

$$E_t^i = \alpha_t + hE_{t-1}^i + v_t^i \tag{1.1}$$

式（1.1）中，E_t^i表示第 i 个家庭中第 t 代人的禀赋；h 表示人力资本禀赋的“可继承性”，假设人力资本禀赋都是部分继承（$0 < h < 1$）；v_t^i 表示人力资本禀赋传递过程中的非系统性因素；α_t 表示同一社会某一群体成员共同的人力资本禀赋，α 可能因为政府的某些政策（如对于人力资本禀赋的投资）而发生变化。贝克尔（1993）认为，能力并不能够自动转化为收益，因为父辈不仅将自己的某些禀赋传递给子辈，同时也对于子辈的健康、技能等方面进行投资而影响到子辈成年后的收益，这种投资不仅受到子辈能力的影响，也受到父辈收入、偏好的影响。由于收益是绝大多数人唯一的收入来源，父辈将通过影响子辈潜在收益从而影响自身的经济福利。将人的一生分为儿童时期和成人时期两个时期，成人时期的收益取决于人力资本（H）和其他非系统因素的量度（ℓ），可以将模型写为：

$$Y_t = \gamma(T_t, f_t)H_t\alpha + \ell_t \tag{1.2}$$

式（1.2）中，T 表示技术知识；f 表示人力资本与非人力资本数量的比值，单位人力资本的收益 γ 与 T 成正比，与 f 成反比。假设存在 γ=1，成人的人力资本和预期收益决定于从父辈处继承的禀赋、父辈的投资 x 和公共支出 s。贝克尔（1993）得出结论，子辈个人回报率取决于人力资本投资（父辈对其的投资）的程度及人力资本的存量，并且边际回报率会随着投资的增加而降低（贝克尔，1975），而父辈完全了解人力资本的回报率。由此，则必须决定资产如何在“馈赠”给子辈和对子辈进行人力资本投资之间分配，在完全资本市场下，父辈可以通过举债支付子辈的人力资本投资，并不受到现有资源限制。禀赋较高的子辈能够积累更多的人力资本，人力资本可以转化为成年后的预期收益，即禀赋更高的子辈也拥有更高的预期收益，禀赋与支出（父辈对子辈人力资本投资）之间正相关决定了禀赋对于收益的总影响以及禀赋和收益的不平等程度。

贝克尔（1993）进一步探讨了父辈收入不平等对于子辈收入不平等的影响，他认为，由于子辈的收入与父辈遗留的资产或债务密切相关，导致子辈的收入在一定程度上仍然取决于父辈收入，事实上，富裕的家庭中，子辈不仅得到父辈的人力资本投资（以现有资产），也会得到数量可观的资产。因此，某一特定群体（比如在市场中遭受到歧视的家庭）收入低于没有遭到市场歧视的家庭。在父辈收益相等的情形下，在市场中遭受到歧视的子辈收入低于没有遭到市场歧视的子辈；而在可继承性既定的情形下，由于歧视减少了既定禀赋的收益，使得在市场中遭受到歧视的子辈收入也通常较低。

事实上，现实的资本市场并非完全资本市场，如果父辈不能自由进入资本市场进行举债，可以假设父辈对子辈进行人力资本投资时需要通过以下渠道筹集资金：出售资产、减少父辈消费、减少子辈消费或增加子辈劳动。

贫穷的父辈由于没有资产只能通过减少自身的消费获得子辈人力资本投资的最优点，这将提高父辈消费的边际效用与对子辈进行人力资本投资的边际效用的比值，从而贫穷的父辈可能逐渐减少对子辈的投资，那么贫穷的父辈的消费和对子辈的投资都可能因为借贷限制而减少。相比之下，显然，富裕的父辈不仅能够享受更高的消费也能够对子辈进行更高的投资。此时，贫穷的父辈对子辈的投资取决于子辈禀赋（E_t）和公共支出（s_{t-1}），也取决于父辈的收益（Y_{t-1}）及对于子辈是否慷慨（w），此外还取决于对子辈运气的不确定（ε_{t-1}），表示为：

$$\hat{x}_{t-1} = g^*(E_t, s_{t-1}, Y_{t-1}, w, \varepsilon_{t-1}) \quad (1.3)$$

其中，$g_Y^* > 0$。

若公共支出和个人投资能够完全替代，g^* 将完全由公共支出（S_{t-1}）和父辈收益（Y_{t-1}）决定，由于子辈禀赋在提高的同时也会增加父辈对其的人力资本投资，因而可能存在$g_E^* > 0$、$g_E^* < 0$或$g_E^* = 0$，即子辈禀赋（E_t）对投资没有确定的影响。如果预期子辈在未来取得更高的收益，将降低父辈对子辈投资的边际效用而减少在子辈身上的支出。

子辈禀赋更高的家庭将具有更高的投资需求，并且，不同的家庭中，举债的成本存在显著差异，增加对子辈的投资将减少父辈的消费，从而提高了举债的影子成本；而收入较高父辈或禀赋较低子辈的家庭举债的影子成本相对较低。

父辈由于收入的提高将可能增加其对子辈的投资，根据贝克尔（1967，1975）的研究，人力资本最优投资点也决定了收入不平等状况和扭曲程度。贝克尔（1993）将子辈收入表示为：

$$Y_t = \Phi\left[g^*(E_t, Y_{t-1}, k_{t-1}), s_{t-1}, E_t \right] + \ell_t = \Psi^*(E_t, Y_{t-1}, k_{t-1}) + \ell_t \quad (1.4)$$

式（1.4）中，k_{t-1} 包括 s_{t-1}、w、ε_{t-1}，即子辈的收入通过直接和间接两个渠道受到父辈收入的影响。鲍尔斯（Bowles，1972）、米德（Meade，1976）和阿特金森（Atkinson，1983）认为直接渠道在于父辈的“门路”即社会资本增加子辈的机会，而其他一些学者则认为子辈将从父辈的人力资本支出中获得收益，而贝克尔（1993）的研究中将父辈收入对举债的影响与对子辈社会资本和人力资本的影响区分开。间接影响则是通过禀赋的代际传递得以实现，将由 E_{t-1} 表示的 E_t

代入式（1.4），可以得到：

$$Y_t = F(Y_{t-1}, Y_{t-2}, \ell_{t-1}, v_t, h, \alpha_t, k_{t-1}, k_{t-2}) + \ell_t \quad (1.5)$$

父辈收入对子辈收入的直接影响和间接影响之和为：

$$\frac{\partial Y_t}{\partial Y_{t-1}} = \Psi^*_{Y_{t-1}} + \frac{h\Psi^*_{E_t}}{\Psi^*_{E_{t-1}}} > 0 \quad (1.6)$$

如果 Y_t、E_t 与 Y_{t-1} 存在近线性关系，则有：

$$Y_t \fallingdotseq c'_t + (\beta^* + h)Y_{t-1} - \beta^* h Y_{t-2} + \ell^*_t，且有\beta^* = \Psi^*_Y \quad (1.7)$$

根据式（1.7），父辈和子辈收入的相关系数为 (β^*+h)，表示父辈收入每增加 1%，子辈收入将增加 $(\beta^*+h)\%$，代际可继承性为 h，显然相关系数大于可继承性，二者之差为子辈人力资本的边际投资倾向 β^*。

贝克尔（1993）的研究表明，对于大多数家庭而言，投资的边际倾向很大。富裕的家庭中，父辈更加愿意依靠现有资产对子辈进行人力资本投资，由于子辈的禀赋高于平均值，因而收入较高父辈的投资大于收入较低父辈，并且，他们对子辈的人力资本投资更接近于最优值。

如果子辈禀赋严格地朝平均值回归，父辈所拥有的资产将成为主要的影响因素，因为在此状况下，富裕家庭中子辈的禀赋远低于父辈；若贫穷家庭中子辈拥有更充分的资本对人力资本进行投资以实现收益最大化，人力资本回报率最终等于资产回报率，这暗示着，虽然富裕家庭的子辈禀赋和平均回报率更高，但其对子辈投资的边际回报率均衡值低于受到资本限制的贫穷家庭。

同时，边际回报率随着父辈收益增加而相对保持稳定。而贫穷家庭的子辈则由于继承的禀赋较低，并且其父辈受到借贷限制降低了子辈继承禀赋的市场价值，从而导致这些子辈在竞争中处于劣势。贝克尔（1993）提出，如果富裕家庭的边际回报率较低（虽然他们的子辈具有更高的禀赋和平均产出），将富裕家庭子辈部分人力资本重新分配给贫穷家庭子辈，将有利于提高所有家庭的边际回报率，进而提高效率。

他们的研究进一步得出结论：即使在公共支出和个人支出完全替代的情形下，增加对受到资本限制家庭中子辈的人力资本的公共支出将提高这些子辈的总投资。但为了使家庭中其他成员觉得公平，即便在资本受到限制的家庭，父辈也会将从政府得到的支出重新分配给其他子辈，这种补偿性反映显然会削弱政府社会保障措施的效果（贝克尔，1981）。

二、劳动力迁移理论

刘易斯（Lewis，1954）提出的发展中国家农业部门劳动力向城市工业部门流动的劳动力迁移模型最早揭示了“二元经济结构”的特征。刘易斯（1954）认为，发展中国家普遍存在两种经济结构或部门，生产方式落后、劳动生产率极低的农业部门和生产方式先进、劳动生产率较高的现代部门。农业部门中存在着大量剩余劳动力，而现代部门扩张需要丰富廉价劳动力，这将促使劳动力从农业部门转移到现代部门，转移过程分为两个阶段：第一阶段，现代部门维持着既定的工资水平，较高的工资水平（高于农业部门）吸引劳动力从农业部门向现代部门转移，直至农业部门剩余劳动力全部转移到城市为止；第二阶段，随着农业部门剩余劳动力全部转移到城市，农业生产的边际效益提高，工资水平也相应提高，现代部门要继续吸引农业部门劳动力转移就必须提高工资水平，农业部门也逐渐由于生产率的提高而实现现代化，至此，实现了“二元经济”向“一元经济”的转变。这两个阶段的交接点被称为“刘易斯转折点”。刘易斯（1954）的“二元经济结构”理论阐释了“二元劳动力市场”的特征，发展中国家的劳动力市场分为两个市场：生产率低下，具有大量剩余劳动力的农村劳动力市场和生产率较高、工资水平较高并充分就业的城市劳动力市场。此外，刘易斯（1954）的模型中还假设劳动力市场完全竞争、劳动力是同质的，从而保证劳动力的转移，因此两个部门的工资水平差距并不可能很大，大约为 30%；在没有进入第二阶段前，农业部门和现代部门的工资水平都维持不变，现代部门的劳动力供给曲线将是一条水平线，劳动力供给弹性无限大。

不同于刘易斯（1954）从劳动力供给角度的分析，以多林格和皮奥雷（Doringer & Piore，1971）为代表的二元劳动力市场理论从需求方面进行探讨，他们将劳动力市场分为两个劳动力市场：一级市场(Primary Market) 和二级市场 (Secondary Market)。一级市场工资水平较高，不是竞争性的，并且工作条件较好，就业稳定，升迁和培训机会较多；而二级劳动力市场工资水平较低，工作条件较差，劳动力流动较为频繁。两个劳动力市场具有不同的市场结构和工资决定机制，一级劳动力市场的工资水平取决于工会和企业谈判的议价机制及企业提供的效率工资；二级劳动力市场的工资水平则是取决于劳动的边际贡献或市场工资。由于制度等非经济壁垒的原因，二级市场的劳动力不能向一级市场流动。由于二元劳动力市场的存在，使得劳动力的流动行为更为复杂。

托塔罗模型（Todaro Model）对劳动力流动进行了更为深刻的探讨（Todaro，1999），主要思想是将预期收入引入到模型中以解释劳动力迁移行为。他认为，农业劳动力向城市迁移是对城乡经济结构差异及适合迁移者对迁移成本和收益的权衡，即取决于城市预期收入与农村预期收入的差距，差距越大，则引致更多的农村劳动力流入城市。在托塔罗模型中，城市中同样存在现代的工业部门和传统部门两大部门，将农村劳动力向城市迁移并在城市中就业的行为分为两个阶段：第一阶段，人力资本较低的农村劳动力进入到城市后，首先就业于城市的传统部门，传统部门中的工作多具有不确定性，这将导致人力资本较低的农村劳动力经常处于失业或半失业状态；第二阶段，这些人力资本较低的农村劳动力需要在城市中经过一段时间后，才能够在现代工业部门中找到固定工作，其在城市中的就业概率可以用城市现代工业部门创造的就业机会与城市失业人数比值表示：

$$q = \frac{b \times N}{S - N} \tag{1.8}$$

式（1.8）中，b 表示城市中现代工业部门就业创造率；N 表示在该部门就业总数，$b \times N$ 即为该部门创造的就业机会；S 表示城市的劳动力总量，$S-N$ 即为城市失业人数。而城市中现代工业部门就业创造率（b）为工业产出增长率（μ）与劳动生产率增长率（p）之差值：

$$b=\mu-p \tag{1.9}$$

根据农村劳动力进入到城市中的就业概率以及城乡实际收入差距可以获得城乡预期收入差距。具体来看，农村预期收入等于未来某年实际收入，而城市预期收入等于未来某年实际收入（W^*）乘以在城市中的就业概率（q）。城乡预期收入差距（d）等于城市预期收入（W^*q）与农村实际收入（R）的差值：

$$d=W^*q-R \tag{1.10}$$

在托塔罗模型中，从农村迁移到城市中的劳动力数量（M）随着城乡预期收入差距（d）的扩大而递增（$f > 0$）：

$$M=f(d)，且有 f > 0 \quad (1.11)$$

但是，式（1.11）所表示的劳动力迁移模型仅发生在一个时期内，前文也指出，农村劳动力在城市现代部门找到工作需要分为两个阶段，即不是在一个时期内能完成，因而，托塔罗（1999，中译本）进一步建立了多时期（较长时期）的劳动力迁移模型。

$$M=f\,[\,V(0)\,]，且有 f > 0 \quad (1.12)$$

式（1.12）中，$V(0)$ 表示从农村向城市迁移的劳动力在计划期内预期城乡收入差异的净贴现值，由 t 时期迁移劳动力的城乡实际工资率［$Y_u(t)$，$Y_r(t)$］、t 时期迁移劳动力就业概率[①]［$P(t)$］、迁移成本［$C(0)$］、贴现率（r）及时期数（n）所决定。

$$V(0)=\int_{t=0}^{n}\left[P(t)Y_u(t)-Y_r(t)\right]e^{-rt}dt-C(0) \quad (1.13)$$

式（1.13）中，$V(0) > 0$，表明劳动力愿意从农村迁移到城市，城市中净迁入人口增加；$V(0) < 0$，表明劳动力不愿意从农村迁移到城市甚至是从城市回流到农村。

托塔罗模型表明，劳动力迁移主要是由相对收益和成本的经济考虑所促进的。就我国而言，由于劳动力市场的不健全，工作机会的搜寻成本较高时，父辈所拥有较高的社会资本将以更加低廉的成本为子辈提供就业信息，降低农村劳动力向城市迁移的成本；并且，拥有较

① 此处就业概率 $P(t)$ 为 t 时期某一个向城市迁移的劳动力累加的就业概率，前文 q 指的是迁移劳动力在城市中某一特定时期内被现代部门雇佣的概率，二者的关系为：$P(t)=q(1)+\sum_{t=2}^{t}q(i)\prod_{j=1}^{i-1}[1-q(j)]$。二者关系式表明，给定城乡实际工资率时，迁移者在城市停留的时间越长，就业概率就越大，这一时期预期收入越高。

高收入水平的父辈在子辈找工作的过程中能够提供更多的融资支持，同样影响到子辈在城市中的就业机会，进而可以影响子辈的就业状态和职业选择，间接决定子辈的收入水平，导致代际收入的传递。

第三节 代际收入流动相关研究综述

一、代际收入弹性测算及代际收入传递路径的研究

早期关于代际流动性研究始于社会学，研究内容包括收入、教育、经济地位等，但研究方法以统计分析为主。如高尔顿（Galton，1877）利用代际间的个人特征（如身高、教育年限、收入等）数据采用相关系数法分析了社会经济群体的代际流动。

此后，社会学领域关于代际流动性最具代表性的研究为布劳和邓肯（Blau & Duncan，1967）的职业代际流动研究，他们将父辈的受教育水平和职业地位定义为先赋性变量，将子辈的受教育水平和初始职业地位定义为自获性变量，路径分析的结果表明，虽然父辈的受教育水平和职业地位对子辈职业地位具有较大影响，但是与先赋性变量相比，个人的受教育水平即自获性变量的影响更强。具体来看，父辈受教育水平对子辈职业地位的直接影响为0，间接影响为0.16，总影响为0.16，父辈职业地位对子辈职业地位的直接影响为0.115，间接影响为0.208，总影响为0.32。但我国学者陈婴婴（1995）借鉴该方法对中国的研究发现，在所调查的地区内，这一模型在城市地区具有一定的解释力，而在农村地区这一模型的解释力很低。

经济学家在20世纪70年代涉足代际流动性的研究，但早期的研究仍以测算相关系数为主。阿特金森等（Atkinson et al.，1978）利用

英格兰 307 对父子收入的数据采用相关系数法计算出父辈收入（1975 年）和子辈收入（1975—1978 年）的代际收入弹性为 0.17。贝尔曼和陶布曼（Behrman & Taubman，1985）利用国家科学院—国家研究委员会（National Academy of Sciences–National Research Council，NAS–NRC）双胞胎样本估计了美国父辈和子辈收入对数的相关系数为 0.2。

从理论上对代际收入流动性问题进行的研究始于贝克尔和托姆斯（1979，1986）的两篇文章，其在后一篇文章中考察了美国的代际收入流动性，计算所得的代际收入弹性值约为 0.2。而后，贝克尔（1993）在《人力资本理论：关于教育的理论和实证分析》（*Human Capital: A Theoretical and Empirical Analysis with Special Reference to Education*）一书的第三版中建立了理论模型进一步探讨了完全资本市场和不完全资本市场下父辈（家庭）收入如何通过影响对子辈人力资本投资的决策进而影响子辈收入。

在完全资本市场下，贫穷的父辈可以进入资本市场实现子辈收益最大化，子辈的人力资本和收入也就不会依赖于父辈资产，但是，父辈收入可以通过禀赋的可继承性对子辈收入和人力资本进行传递。在不完全资本市场下，贫穷家庭的父辈难以从资本市场获得支持即无法通过举债对子辈进行人力资本投资，只能依靠现有收入，从而影响到子辈收入。

贝克尔（1993）根据已有的实证研究结果，得出结论：美国是一个高度流动的社会，是一个“机会的国度”。但是，新近的研究认为这些分析存在测量误差和同质性样本造成的偏误，这种偏误使得所测算出的代际收入弹性向下偏误，从而得出具有较高的代际流动性的结论（索伦，1989，1992；齐默尔曼，1992）。

针对前人研究中的测量误差问题，索伦（Solon，1992）提出可利用父辈收入均值法或工具变量法来降低估计值的向下偏误。利用修正的估计方法，索伦（1992）和齐默尔曼（Zimmerman，1992）认为美国的代际收入弹性约为 0.4 或更高。一些学者对此进行了进一步深入的检验，雷维尔（Reville，1995）将子辈年龄分组，测算出美国 20—30 岁和 30—40 岁的子辈的代际收入弹性分别是 0.25 和 0.5。科拉克（Corak，2006）将父辈年龄进行分组并测算了美国的代际收入弹性，研究表明，当父辈年龄在 45—49 岁时，代际收入弹性为 0.406；而当父辈年龄低于 45 岁时，代际收入弹性为 0.433。

还有一些学者测算了其他一些国家的代际收入弹性，如尼科莱蒂和埃米施（Nicoletti & Ermisch，2007）测算出英国的代际收入弹性为 0.2—0.25。休加德（Hugalde，2004）利用家庭预算调查（Household Budget Survey，HBS）数据估计出西班牙 1990 年的代际收入弹性为 0.44，但是她的样本仅包含了“父辈与子辈共同居住”的样本，可能会导致“共同居住的样本选择问题”，尼科莱蒂和弗朗切斯科尼（Nicoletti & Francesconi，2006）指出所谓“共同居住的样本选择问题”表示在研究过程中只有那些至少在某一次调查中与父母共同生活在一起的子女，其收入等信息才能被观测到，对于那些在调查期间没有和父母居住在一起的成年子女则无法获取其相关信息。这种样本选择问题使得分析过程中使用的子女的收入数据代表性不够，因为那些与父母共同居住的子女可能是由于其仍然是在校学生，或者可能是由于其收入过低不足以单独生活。那么这就会导致样本的选取不是随机的，出现严重的样本选择问题。

事实上，比约克伦和詹蒂（Björklund & Jäntti，1997）曾经提出双样本两阶段最小二乘法（TS2SLS），通过合并两个独立的样本解决样本偏差问题，并使用这一方法测算出美国的代际收入弹性约为0.52，瑞典约为0.28。普拉（Plá，2007）针对休加德（2004）研究中出现的问题采用这一方法重新计算了西班牙的代际收入弹性，发现30—40岁和40—50岁的子辈代际收入弹性分别为0.38和0.43。

此外，还有一些研究测算了新型工业化国家的代际收入弹性，如利拉德和基尔本（Lillard & Kilburn，1995）测算出马来西亚的代际收入弹性为0.26；吴（Ng，2007）测算出新加坡的代际收入弹性为0.23—0.28。值得注意的是，关于马来西亚和新加坡的研究都是采用单年的数据，可能造成代际收入弹性的向下偏误。

已有的关于代际收入流动性的多数研究仅停留在相关分析上，通过相关系数和回归方法定量测算代际收入弹性，但是，这些研究并没有告诉我们代际收入流动性背后的故事（鲍尔斯和金蒂斯，2002）。豪特（Hout，1983）曾经强调，当研究者仅仅关注被研究者分为向上流动、不流动或向下流动时，将会由于流动地位（Mobility Status）联结了初始地位与目标地位，而掩盖了二者背后的关系，因此，探讨代际流动性背后的传递机制显得更加重要。

贝克尔和托姆斯（1979，1986，1993）以家庭为单位建立的人力资本投资模型从理论上阐述了代际流动的传导机制，这几篇论文均探讨了教育的作用。此后，许多学者开始探讨代际收入传递中教育的作用，爱德华和肖沃特（Eide & Showalter，1999）在回归方程中加入了受教育年限，发现父辈（家庭）收入的偏回归系数下降了50%，表明教育在代际收入传递方面具有重要的作用，雷斯托奇亚和乌鲁蒂亚

（Restuccia & Urrutia，2004）进一步证明了他们的结论。

爱德华和肖沃特（1999）也指出，他们的模型中遗失了一些重要变量。穆利根（Mulligan，1999）利用美国国家青年调查（National Longitudinal Study of Youth，NLSY）20世纪90年代初的数据，通过"逐步回归法"估计了教育质量、武装部队资格考试（Armed Forces Qualifying Tests，AFQT）和地理位置等因素对代际传递的影响，发现能够解释3/5的代际相关系数。鲍尔斯和金蒂斯（Bowles & Gintis，2002）提供了一个分析框架以分析代际经济地位传递背后的机理，具体方法为：将代际收入弹性分解成反映不同影响机制的部分，包括基因因素和环境因素，并估计了这两个因素对代际传递的贡献率。

除了人力资本外，社会资本也被认为是代际收入传递的主要途径之一。鲍尔斯（1972）、米德（1976）和阿特金森（1983）曾指出，父辈的"门路"即社会资本增加子辈的机会，进而影响到子辈的收入，而往往收入较高的父辈拥有更多的社会资本。

张兵（2008）认为贫困家庭的代际收入传递途径有四条，通过健康遗传（包括智力遗传）、受到预算约束导致难以对子辈进行人力资本投资、父辈有限的社会网络、恶劣生活环境及缺乏公共物品供给的社会环境增加的贫困家庭的生活成本，这些传导途径使得贫困家庭的子辈陷入"贫困陷阱"之中。

当然，对于社会资本的代际传递也存在一些不同的观点，威廉（William，1984）考察了中国自1966年父辈的受教育水平和职业对于子辈的影响，发现作用微乎其微了。但威廉（1984）的研究时期界定为"文化大革命"时期，这一特定历史时期具有高度的平均主义倾向，即具有高度的社会流动性。迈耶等（Meyer et al.，1979）、特里曼和伊普（Reiman & Yip，1989）针对匈牙利和波兰，谢和林（1986）、布和阮（Blau & Ruan，1989）、林和边（Lin & Bian，1990）针对中国的北京和天津研究表明父辈的职业对子辈的影响较小。

值得注意的是，这些关于中国和其他社会主义国家的研究均是从社会学的角度进行统计分析，解释力不强；并且，研究对象（针对中国的研究时期多为 20 世纪 80 年代及之前）处于计划经济体制下，在教育和就业方面具有较高的平均主义倾向，是导致较高的职业代际流动的主要原因。同样是社会学方面，林南、边燕杰（2002）利用较新的数据研究教育的代际传递性时，发现社会资本具有相当的作用。许欣欣（2000）的研究结果显示，父辈职业对子辈的影响十分显著。

在国内，从经济学视角对代际流动及传递机制进行分析的研究尚不多见。王海港（2005）提供了国内关于代际收入流动性的较早研究，其利用 1988 年和 1995 年中国社科院“城乡居民收入分配”课题组的调查资料，建立了城镇居民子女收入对数对父母收入对数的回归方程。姚先国等（2006）利用 CHNS 1989—2000 年 5 次调查的数据估计了中国的代际收入弹性，并将代际收入相关性分解成教育、健康和社会关系网络这三条路径，估计了各路径的贡献率，发现在中国社会关系网络是代际传递的主要路径。邢春冰（2006）则利用 CHNS 数据研究农村地区工作机会的代际流动，发现工作机会在一定程度上通过人力资本的投资传递。李菁、林毅夫和姚洋（2002）研究了在农村地区面临信贷约束的情况下，农户家庭土地禀赋如何影响他们对子女的教育投资决策以及子女成年后的收入水平。韩军辉（2009）利用 CHNS 数据，并根据所用的数据特点提出了分层线性结构模型，在考虑了数据的分层嵌套特点，并将估计参数设为随机系数的基础上，对中国居民的代际收入流动状况进行了分析。郭丛斌和闵维方（2007）利用北京大学教育经济研究所“中国城镇居民教育与就业情况调查”2004年的数据，对中国城镇居民教育与收入代际流动的关系进行定量研究。

二、代际收入流动性与收入不平等的相关研究

中国日益扩大的收入差距引起学者们的高度关注，而多数学者认为，整体的收入差距与城乡间日益扩大的收入差距有关（杨，1999；姚和朱，1998；赵人伟等，1999；坎波尔和张，1999）。现有的关于收入不平等的研究多是从经济体制改革和对外开放角度探讨收入分配体制和格局的影响因素，但是从代际收入流动性角度分析收入不平等的研究则较为有限。

自从贝克尔（1993）的人力资本理论发表后，经济学家也试图关注代际收入流动性与收入差距的关系。贝克尔（1993）的关于家庭人力资本投资决策认为，许多发达国家均表现子辈收入向收入均值的回归，父辈和祖父辈在收入方面有利及不利地位的影响都会削弱，但是受到市场歧视的家庭例外。加拉和齐耶拉（Galor & Ziera，1993、1996）以不完全的资本市场和人力资本不可分为前提条件，认为由于不同父辈（或家庭）初始的收入水平差异，将引起家庭的人力资本投资能力存在差异，最终导致不同子辈（或家庭）的长期收入水平收敛于不同的均衡点，即导致了收入差距的扩大。班纳吉和纽曼（Banerjee & Newman，1993）的观点与加拉和齐耶拉（1993，1996）基本类似，并且更为完善，他们认为收入不平等不仅会影响父辈对子辈人力资本投资的能力，也会影响不同收入群体的职业选择，可能造成子辈的职业选择差异，最终导致收入不平等。克兰西（Clancy，1997）通过对

1992 年爱尔兰的研究表明，家庭背景显著地提高了子辈受高等教育的不平等程度。众多研究表明，教育不平等对收入不平等影响甚大。卢卡斯（Lucas，2001）针对美国 20 世纪 80 年代的研究表明，家庭背景对子辈能否获得高等教育影响显著，特别是父辈年收入的作用更大。这些研究多数考虑的是家庭背景或家庭条件对子辈能否获得平等的受教育机会的影响，从而导致了不同收入水平家庭的收入差距。在安德森（Andersen，2005）的研究中，不仅包括经济资本匮乏对儿童的教育程度的影响，同时也指出，经济资本匮乏对子辈成年后的创收能力也存在负面影响，最终导致子辈收入差距的扩大。

国内的相关研究有，郭丛斌和闵维方（2007）利用 2004 年的调查数据对中国城镇居民教育与收入代际流动的关系进行的定量研究表明，中国城镇居民收入存在较为明显的代际传递效应，具有较高经济资本的家庭，子辈接受高等教育的程度更高，表明父辈收入对子辈是否能够接受高等教育具有相当重要的作用。但是，他们也指出，教育同样具有促进代际流动的功能，有利于弱势群体的子辈克服父辈收入和经济地位的影响；并且，教育促进收入代际流动的功能将随着市场化水平的提高而日益增强。

赖德胜（2000）认为处于不同收入水平家庭中的孩子，其在教育投资时所面临的资本约束是不同的，从而家庭之间社会财富和收入分配的不平等可能借助教育实现代际间的传递。李菁、林毅夫和姚洋（2002）曾经研究过农户自身拥有的资产水平如何影响他们对子女的教育投资决策以及子女成年后的收入水平。郭丛斌、丁小浩（2004）发现由于中国的劳动力市场分割状况的存在，造成了就业行业的代际间传递效应，但他们的研究认为教育等人力资本因素可能会起到弱化代际传递效应的作用。

谢勇（2006）通过构造一个理论分析框架，认为在资本市场不完善、人力资本投资支出过高以及人力资本拥有较高收益率等前提下，父辈之间初始的收入不平等会导致他们子女之间的人力资本差异，而这种差异又会导致在子女之间形成新一轮的收入不平等，从而收入不平等在代际间得以动态化和长期化。赵丽秋（2006）建立了世代重叠模型（Overlapping Generation Model，OGM）分析不同收入水平家庭的人力资本投资行为，研究表明，由于社群租金和教育质量的分离作用，收入较高的父辈将选择平均收入水平更高的社群，从而形成社群分层，而社群分层所引起的教育质量不平等将会增加收入分配的不平等。

综合以上文献研究发现，与国外大量的相关研究相比，迄今为止国内关于代际流动的研究相对较少，可能的原因是由于缺乏发达国家类似于收入动态专题研究（Panel Study of Income Dynamics，PSID）这样长时期的跟踪抽样调查数据。由美国北卡来罗那大学教堂山分校和中国疾病与预防控制中心联合开展的中国健康与营养调查（CHNS）使得研究中国居民的代际收入流动状况成为可能。自 1989 年至 2015 年，该项目共进行了 10 次大规模的跟踪抽样调查，时间跨度近 30 年，而且在获取跟踪调查数据后，项目组对调查样本的收入数据进行了重新整理，并发布了面板结构的个人收入数据，这为本书的研究提供了较好的数据支撑。

第二章　代际收入流动相关分析框架

基于人力资本理论与社会资本理论，本章分析了城乡居民代际收入流动现象背后的代际收入传递机制，传递机制分别从父辈的人力资本投资和社会资本禀赋两方面展开，以解释父辈的收入如何影响子辈收入。一方面，父辈的收入可能通过对子辈进行教育和健康等人力资本投资，从而影响子辈的收入；另一方面，父辈的收入水平地位会影响父辈的社会网络等社会资本禀赋，父辈通过就业信息等因素影响子辈就业成本，可能决定子辈的就业行为和职业类型，从而影响子辈的收入。由此，本书构建的分析框架逻辑路线如图 2-1 所示，以下将对其中机理作出相应说明。

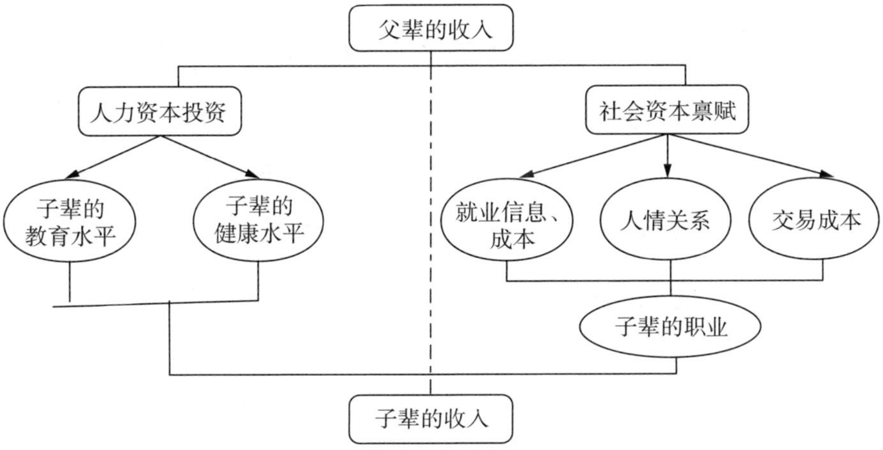

图 2-1　逻辑关系图

注：实线为本书拟验证的逻辑关系，虚线为实际可能存在，但本书囿于限制未予证实的逻辑关系，如代际间物质资本的直接传递等。

在分析了城乡居民收入代际流动现象背后的传递机制的基础上，由于考虑到城乡居民父辈在人力资本投资和社会资本禀赋上存在明显差异，由此导致城乡居民的代际收入流动存在差别，因此，本章将通过考察居民的代际收入流动存在的差异，以此分析父辈之间的收入差距通过代际流动如何影响子辈之间的收入差距。其逻辑关系如图 2-2 所示。

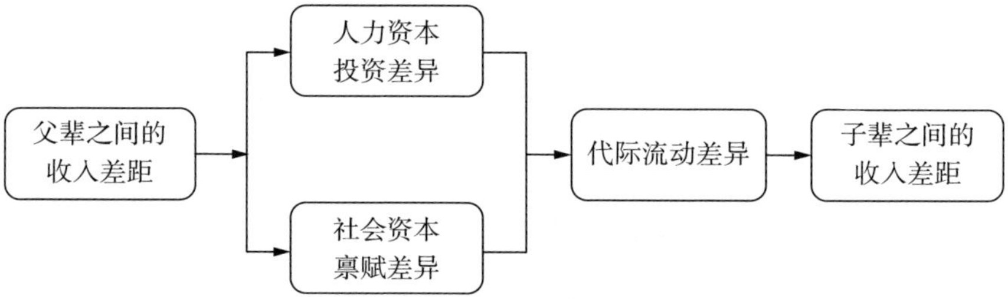

图 2-2 父辈收入差距对子辈收入差距的影响机制

第一节 代际收入流动的影响机制

一、人力资本对代际收入流动性的影响机制

1960 年，舒尔茨系统论述了人力资本的内涵，这标志着人力资本理论的诞生。人力资本不同于物质资本，其是体现在人身上的可以带来未来收入的一种资本，或者是人类自身在经济活动中获得收益并不断增值的能力（韦乡逢，2008）。人力资本主要表现为人的能力及素质，包括人的智力、才干、知识、技能、健康等（贝克尔，1963），而人的能力及素质是通过人力资本投资取得的，所以人力资本是对人的投资而形成的资本。

人力资本理论的发展为研究收入的代际流动提供了一个全新的视

角，子辈的人力资本是其获取收入的能力，但是子辈的人力资本是要通过人力资本投资形成的，如果家庭在对子辈进行人力资本投资时面临着预算约束，且在资本市场上较难获取支持的话，家庭对子辈进行人力资本投资的多少将取决于父辈的收入水平，因此，父辈收入水平会影响子辈的收入水平，人力资本投资是父辈与子辈之间的代际收入传递机制之一（贝克尔和托姆斯，1979）。

（一）假设

通过对现实的简化，假定人力资本投资，包括教育投资和健康投资对收入代际传递的影响机制如图 2–3 所示。

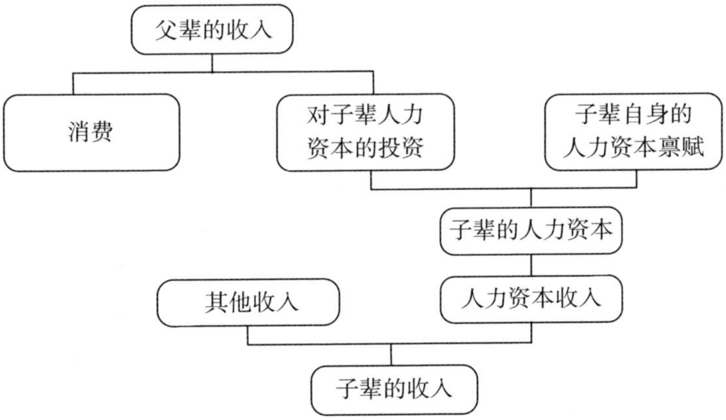

图 2–3　人力资本投资对代际收入传递的影响机制

将上述作用机制用数学表达式表述如下：

父辈对子辈进行人力资本投资是在收入预算约束下进行的，父辈的收入既定，父辈在消费和对子辈的人力资本投资之间进行抉择。即：

$$y_{i,t-1}=C_{i,t-1}+I_{i,t-1} \tag{2.1}$$

其中，$y_{i,t-1}$ 为父辈的收入，$C_{i,t-1}$ 为消费，$I_{i,t-1}$ 为对子辈的人力资本投资。

然后，子辈将父辈的人力资本投资转化为自身的人力资本$h_{i,t}$，即：

$$h_{i,t}=\theta\log(I_{i,t-1})+e_{it} \tag{2.2}$$

其中，θ为人力资本投资的边际产出，e_{it}为子辈的自身的人力资本禀赋。$\theta>0$表示人力资本投资的边际产出为正，半对数形式说明，根据要素边际报酬递减的规律，人力资本投资的边际产出也递减。

由于，子辈自身的人力资本禀赋会受父辈的遗传影响，因此：

$$e_{it}=\delta+\lambda e_{i,t-1}+v_{it} \tag{2.3}$$

其中，$0<\lambda<1$为遗传系数，V_{it}为误差项。

最后，子辈的收入取决于半对数收入函数：

$$\log y_{i,t}=\mu+ph_{it} \tag{2.4}$$

其中，p为人力资本的价值，μ为其他收入。

（二）家庭进行人力资本投资的决策

父辈在收入预算约束条件下，在消费和对人力资本投资之间进行抉择时，假定父辈遵循理性人假设，追求柯布—道格拉斯效用函数最大化：

$$U_i=(1-\alpha)\log C_{i,t-1}+\alpha\log y_{it} \tag{2.5}$$

其中，系数α位于0和1之间，反映父辈相对于自身消费对子辈收入的偏好，假定父辈已知式（2.1）到式（2.4）所表达的含义和其间的变量关系，那么效用函数可表达为：

$$U_i=(1-\alpha)\log(y_{i,t-1}-I_{i,t-1})+\alpha\mu+\alpha\theta p\log I_{i,t-1}+\alpha pe_{it} \tag{2.6}$$

式（2.6）为目标方程，其中包含了决策变量$I_{i,t-1}$。

效用函数最大化就意味着目标方程（2.6）对决策变量$I_{i,t-1}$的一阶偏导为 0，即：

$$\partial U_i / \partial I_{i,t-1} = -(1-\alpha)/(y_{i,t-1} - I_{i,t-1}) + \alpha\theta p / I_{i,t-1} = 0 \tag{2.7}$$

因此，人力资本投资的最优选择为：

$$I_{i,t-1} = \left[\frac{\alpha\theta p}{1-\alpha(1-\theta p)}\right] y_{i,t-1} \tag{2.8}$$

从式（2.8）中我们可以得知：（1）父辈的收入 $y_{i,t-1}$ 越高，对子辈的人力资本投资就越多；（2）α 越大，表明父辈越不自私，越偏好对子辈的人力资本投资，则对子辈的人力资本投资就越多；（3）θp 越大，表明父辈人力资本的回报越大，那么父辈倾向于对子辈进行更多的人力资本投资。换句话说，回报越高，父辈对子辈的人力资本投资就越多。

（三）收入的代际流动

根据上文的假设和最优结果，我们可以直接得出影响代际收入流动的因素。将等式（2.2）代入等式（2.4）：

$$\log y_{i,t} = \mu + p\left[\theta \log(I_{i,t-1}) + e_{it}\right] \tag{2.9}$$

然后将等式（2.8）代入等式（2.9）：

$$\begin{aligned}\log y_{i,t} &= \mu + \theta p \log\left[\frac{\alpha\theta p}{1-\alpha(1-\theta p)}\right] + \theta p \log y_{i,t-1} + pe_{it} \\ &= \mu^* + \theta p \log y_{i,t-1} + pe_{it}\end{aligned} \tag{2.10}$$

$$\mu^* = \mu + \theta p\left[\frac{\alpha\theta p}{1-\alpha(1-\theta p)}\right] \tag{2.11}$$

式（2.10）与实证分析中的双对数线性回归模型在形式上很相似，但是，pe_{it} 并不是很好的误差项，由于子辈的自身人力资本禀赋 e_{it} 和父辈的收入对数 $e_{i,t-1}$ 都取决于父辈自身的人力资本禀赋 $\log y_{i,t-1}$，因此，pe_{it} 与解释变量 $\log y_{i,t-1}$ 相关。

事实上，如果方程（2.10）中的 $\log y_{i,t}$ 和 $\log y_{i,t-1}$ 具有相同的方差，那么通过 $\log y_{i,t}$ 对 $\log y_{i,t-1}$ 进行回归分析得到的系数就等于 $\log y_{i,t}$ 和 $\log y_{i,t-1}$ 之间的相关系数，可用来表示代际收入弹性，用 β 表示。β 就等于方程（2.10）的回归系数 θp 和方程（2.3）的自相关系数 λ 的和与它们的乘积加上 1 的比值。因此，代际收入弹性为：

$$\beta = \frac{\theta p + \lambda}{1 + \theta p \lambda} \tag{2.12}$$

通过等式（2.12），可以推出以下结论：

收入的代际流动会受子辈与父辈之间的遗传系数 λ、人力资本投资效率 θ 和人力资本的收益率 p 的影响，其相关关系如下：（1）子辈与父辈之间的遗传系数 λ 越高，代际收入弹性越大，代际收入流动性越弱；（2）父辈对子辈进行人力资本投资的效率 θ 越高，代际收入弹性越大，代际收入流动性越弱；（3）子辈人力资本价值 p 越高，代际收入弹性越大，代际收入流动性就越弱。

子辈和父辈之间的遗传系数的高低主要是由生理原因决定，可认为是一个随机因素，不受父辈收入的影响。但父辈的收入会影响人力资本投资效率和子辈人力资本的价值，从而影响父辈和子辈之间的代际收入弹性。

首先，父辈的收入越高，对子辈的人力资本投资越多，根据要素边际报酬递减的规律，人力资本投资的边际产出也是递减的，所以人力资本投资越多，其投资效率越低，即父辈收入越高，对子辈的人力资本投资越多，其投资效率越低，人力资本投资对于代际间收入传递的贡献率则会下降，从而可能降低父辈和子辈之间的代际收入弹性。其次，父辈收入越高，对子辈进行的人力资本投资越多，子辈所拥有的人力资本就越多，由于父辈对子辈进行投资时，子辈处于生命周期的早期，人力资本越多，其人力资本价值就越高，从而会提高父辈和子辈之间的代际收入弹性。因此，父辈的收入是父辈进行人力资本投资的约束条件，在自己收入允许的前提下，父辈依据人力资本投资回报对子辈进行人力资本投资，从而影响子辈的收入，实现收入的代际传递。

二、社会资本对代际收入流动性的影响机制

社会资本理论是建立在“社会网络”研究基础上的（陈晖，2008）。布迪厄最早将社会资本定义为一种通过“制度化关系网络”的占有而获得的实际的或潜在的资源的集合体。这种“制度化关系网络”与某个团体的会员制相联系，获得这种会员身份就为个体赢得“声望”，并进而为获得物质的或潜在的利益提供了保证。尽管布迪厄最早提出“社会资本”概念，但对“社会资本”进行系统阐述的是詹姆斯·科尔曼（James Coleman，1988），他认为社会资本是指个人所拥有的表现为社会结构资源的资本财产，它们由构成社会结构的要素组成，主要存在于社会团体和社会关系网络之中，只有通过成员资格和网络联系才能获得回报。也就是说，社会资本是一种社会资源，它以社会网络为载体，通过劳动力就业信息等的传播，影响就业机会，从而影响收入（蒋乃华、卞智勇，2008）。

父辈所拥有的社会资本主要通过影响子辈的就业行为实现收入的代际传递。经济学中将就业看作是一个劳动力通过劳动力市场进行资源配置的过程。劳动经济学假设存在一个完全竞争的劳动力市场，劳动力就是商品，企业是劳动力的需求方，求职者是劳动力的供给方，

企业根据劳动力的边际产出与其所支付的工资相符的原则，决定是否雇佣劳动力；求职者比较闲暇的效用和劳动的收益，依据效用最大化原则决定是否工作，最终，由于工资的调节作用，劳动力市场达到均衡。

劳动经济学对劳动力市场的假设是对现实世界的高度提炼和简化。然而，实际上，现实世界中的劳动力市场比理论假设复杂得多。首先，作为一个处于经济转型时期的国家，虽然中国现阶段已经建立起较为完整的劳动力市场体系，但劳动力市场仍有待进一步完善，相关劳动力市场制度在实施中仍有诸多问题亟待解决。其次，劳动经济理论隐含求职者掌握的市场信息是充分的，个体得到的就业机会是没有差异的，然而，现实中，每个求职者获得的信息是有限的，是不对称的。同时，求职者在寻求工作的时候，存在就业成本。再次，企业和求职者达成劳动关系时，存在交易成本。因此，现实中所有的经济行为都是嵌入到社会关系中的，父辈社会资本的存在会直接影响子辈的就业行为，从而影响子辈的收入（姜继红，2005）。

总的来说，父辈所拥有的社会资本对收入的代际传递的影响机理如图 2-4 所示。

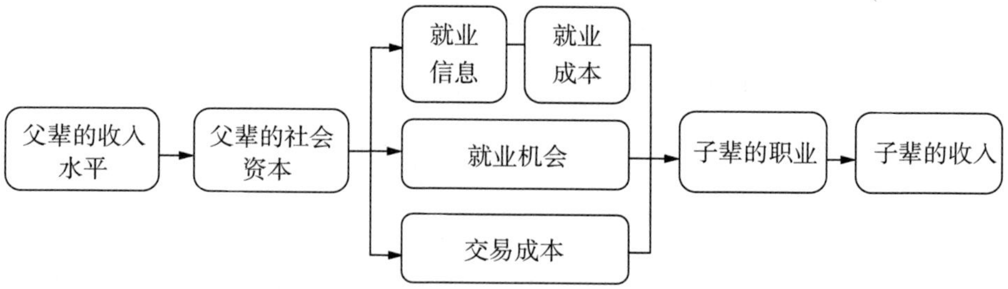

图 2-4　社会资本对代际收入传递的影响机制

（一）父辈的社会资本有助于子辈获取就业信息

现阶段中国的劳动力市场发育尚未完善，大量的就业信息缺乏一定的公开性。同时，个体与外界联系有限，所能获取的需求信息也存在局限性，大量的劳动力供求信息不容易获取，此时，父辈的社会关系网络规模越大，可帮助子辈收集的信息就越多，通过筛选信息，就能建立起一个可信度较高的信息网络。另外，通过父辈的社会网络可减少子辈搜寻可靠的就业信息所要承担的就业成本，从而帮助子辈顺利实现就业。

（二）父辈的社会资本有助于子辈获得就业机会

一般来说，社会网络中存在两种资源，即“信息”和“人情”，“信息”是指网络成员提供的对个体行为（如求职等）有价值的信息；而“人情”则指网络成员提供的能够帮助个体实现工具性目标的实质性帮助。现阶段中国劳动力市场制度在实施过程中面临诸多挑战，在公平就业环境和消除就业歧视等方面仍有较大的提升空间。一定程度上，子代间的就业竞争演变成父辈所掌握的社会资源的竞争，父辈较高的社会资本将会为子辈获取一份薪水高、福利好的职位（王敏等，2008）。

（三）父辈的社会资本有助于降低子辈求职时的交易成本

任何社会交往关系和组织都是以一定的信任关系为基础的。在双向选择的就业市场和就业过程中，供需双方最大的障碍就是彼此之间不够了解，担心把握不准。由于双方的不信任导致求职过程中会产生较高的交易费用和成本，但是，如果在就业的过程中通过供需双方都比较信任的熟人推荐，那么，彼此都会感到踏实、求职成功的概率自然会提高。因此，如果父辈的社会资本能够帮助子辈推荐工作，那么，子辈实现就业的概率就会显著提高。

总的来说，父辈的收入水平影响其社会资本禀赋，而父辈的社会资本有助于子辈获取就业信息，降低子辈的就业成本，使子辈获得就业机会；同时，父辈的社会资本会降低子辈求职时的交易成本，进而影响子辈的就业行为和职位选择，实现收入的代际传递。

第二节 居民代际收入流动性差异分析

通过上文分析，父辈通过人力资本投资和社会资本禀赋两个途径影响子辈收入，实现收入的代际传递。代际收入流动会受到父辈人力资本投资和社会资本禀赋的影响，所以城乡居民之间以及不同收入群体之间的代际收入流动性会存在差异。

一、父辈的人力资本投资对城乡居民代际收入流动性差异的影响

由上一节的分析可知，人力资本对代际收入流动的影响取决于：（1）子辈与父辈之间的遗传系数 λ；（2）父辈对子辈进行的人力资本投资效率 θ；（3）子辈人力资本的价值 p。由于子辈与父辈之间的遗传系数受生理因素的影响，具有随机性，从而可以假定居民间的遗传系数相差无几，但是父辈对子辈进行的人力资本投资效率和子辈人力资本的回报在居民之间存在差别，进而影响收入的代际流动。

父辈对子辈的人力资本投资转化为子辈人力资本的效率会受到子辈自身条件的影响和外界环境的影响，总的来说，城乡居民子辈的自身条件相差不大，同时，虽然子辈的学习环境等外界因素有区别，但因为同在一个国家的教育体制下，且由于义务教育的实施，所以为了分析的方便，我们假定城乡居民父辈人力资本投资的效率相同，如图2-5所示，由于父辈的收入存在差异，城乡居民与高收入居民父辈对

子辈的人力资本投资高于农村居民和低收入居民，即 $I_2 > I_1$，由此形成的城镇居民以及高收入子辈的人力资本较高，即 $h_2 > h_1$。

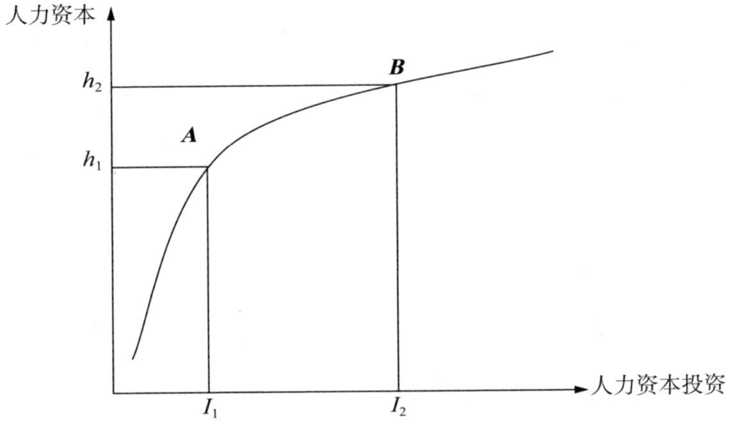

图 2-5　子辈的人力资本

由于城乡居民父辈的收入存在差异，使得父辈对子辈的人力资本投资不同，导致子辈所具有的人力资本水平不同，子辈人力资本的价值存在差异，进而造成城乡居民代际收入流动性的差异。

二、父辈的社会资本对城乡居民代际收入流动性差异的影响

父辈的收入除了通过人力资本投资传递给子辈外，还可以通过其所拥有的社会资本来影响子辈的收入。一般而言，父辈的社会资本主要表现为父辈的社会关系网络，父辈通过自身的社会网络，为子辈搜集就业信息，为子辈创造就业机会，从而影响子辈的就业状态和职业选择。在当前完全竞争的劳动力市场尚未完全建立的条件下，收入较高的父辈将选择平均收入水平更高的社群，从而形成社群分层，社群分层将可能引起就业不平等（赵丽秋，2006）。高收入家庭

的子辈更可能依靠其父辈较高的社会资本来谋求一份更高薪水的工作（王敏等，2008）。

总的来说，父辈的社会关系网络主要集中于与其具有相同或相似职业类型的个体之间，随着这种网络关系的传递，子辈也更倾向于从事这一类型的工作。如果子辈在就业过程中依赖于父辈的社会资本，那么会造成子辈的收入在很大程度上受到父辈收入的影响，导致代际收入弹性会很高，代际收入流动性则较低。

由于中国城镇和农村居民的生活环境差异很大，城镇和农村居民所拥有的社会网络的质量是有区别的，一般来说，城镇居民的社会资本较农村居民的社会资本层次高。同时，由于城乡间巨大的收入差距，相对于农村而言，城镇居民为相对高收入群体，城镇父辈的社会关系网络中大多是与自己收入相当，职业相仿的群体，因此，城镇父辈的社会网络主要集中于相对高收入群体，其子女在这一社会网络中成长，通过这种网络关系获取相关信息更为方便，更易于进入较高收入行业工作。而农村居民为相对低收入群体，农村父辈的社会关系网络中也大多是与自己收入相当、职业相仿的群体，因此，农村父辈的社会网络主要集中于低收入群体，其子女在这一社会网络中成长，如果农村子辈通过这种网络关系寻找工作时，进入高收入行业的困难较大。因此，相对于农村居民而言，城镇居民父辈的社会资本可帮助子辈找到职位较高、福利较好的工作，即同样一单位的社会资本，城镇居民父辈的社会资本回报率要高于农村居民父辈的社会资本回报率，所以，相对于农村的子辈，城镇子辈会更依赖于父辈的社会资本、社会网络来寻找工作，从而导致城镇子辈受其父辈收入的影响较大，代际收入弹性较高，代际收入流动性低。

综上所述，父辈通过对子辈进行人力资本投资，并利用其社会资本使得父辈收入在代际间得以传递。由于父辈的收入存在差异，其在人力资本投资过程中，拥有的社会资本禀赋上存在差异，最终可能导致城乡居民的代际收入流动性存在差别。

第三节 收入不平等与代际收入流动性

中国收入差距逐步扩大的现实已经得到广泛的关注（李实，1999），在关于收入差距扩大原因的研究中，以往学者大多从经济体制、开放程度等角度进行分析，也有部分学者开始关注收入流动性对收入差距的影响（奈和利德卡，1997；章奇等，2007），但是分析代际收入流动性对收入差距影响的研究较为有限。

在我国资本市场不完善、人力资本投资支出过高以及人力资本拥有较高收益率等前提下，父辈之间初始的收入不平等会导致他们子女之间的人力资本差异，而这种差异又会导致在子女之间形成新一轮的收入不平等，从而收入不平等在代际间得以动态化和长期化（谢勇，2006）。父辈的收入除了通过人力资本投资传递给子辈外，还可以通过其拥有的社会资本来影响子辈的收入。相关研究表明，由于当前完全竞争的劳动力市场尚未完全建立，高收入家庭的子辈更可能依靠其父辈较高的社会资本来谋求一份薪水更高的工作，使得子辈的就业机会存在显著差异（王敏等，2008）。可见，父辈收入不平等状况将影响到子辈受教育不平等程度和就业不平等程度，即机会的不平等程度，而机会的不平等程度将进一步影响到收入不平等状况，但具体的影响机制与程度又与内部流动有关。

当高收入群体的代际收入流动性低于低收入群体，高收入群体子辈向下流动的可能性降低，因为其父辈的人力资本投资和社会资本禀赋将给予子辈更加优质的就业机会，使得子辈收入维持在较高的水平。此时，低收入群体的较高的代际收入流动性将导致两种情况，向内部更高收入群体的流动或者向内部更低收入群体的流动，这将带来两种不同的情况，前者将导致收入差距的缩小，而后者将带来收入差距的进一步扩大。

当高收入群体的代际收入流动性高于低收入群体，低收入群体的子辈收入更加依赖父辈，即维持较低的收入水平。此时，高收入群体的较高的代际收入流动性也会导致两种不同情况的出现，向内部低收入群体的流动或者是向内部更高收入群体的流动，前者导致收入差距的缩小，后者导致收入差距的扩大。

第三章　城乡居民代际收入流动性测度

第一节　代际收入弹性测度的数据处理过程

本书选用的是 CHNS 调查数据，并将其中的城镇和农村居民进行父辈与子辈匹配后所得到的样本，由于正在上学的以及没有工作的子女的收入不能很好地作为其持久性收入的代理变量，无法准确地衡量出父辈的收入对子女收入的影响，因而也就无法测量出具体代际收入弹性，所以本书只保留了那些年龄在 18 岁以上，已经离开了学校而且有工作的样本。另外，由于 CHNS 数据库中存在着样本的增加和删减的问题，导致了样本的流入和流出并不是随机的，如果笔者在研究中使用非随机样本来构造非均衡面板数据进行测度的话，得到的代际收入流动性状况反映的可能仅仅是样本变化带来的影响，因此为了排除这种可能性，本书使用均衡的面板数据来进行回归，具体而言就是保留那些在 10 次调查中都出现过的样本，来估计代际收入弹性，这样就保证了样本在时间上的一致性，从而保证了结果的相对准确性，同时本书也剔除了那些收入数据缺失严重的样本，这样共得到 10 年的样本总量为 300 个。值得注意的是，本书所使用的是父亲与儿子的匹配样本，不包括母亲和儿子、母亲和女儿及父亲和女儿等配对样本。剔除掉后三种配对样本的原因在于：第一，有关于母亲和女儿的样本量较小，无法单独进行讨论；第二，考虑到不完善的劳动力市场就业过程中可能存在的性别歧视，而母亲和女儿的收入状况与之密切相关，这可能会影响到研究结果。鉴于此，本书的父辈仅表示为父亲，子辈仅表示为儿子。

具体的数据处理过程如下：由于CHNS数据中记录了家庭成员与户主之间的关系。为了讨论代际收入流动性，本书先根据记录的家庭成员和户主的关系分别组建不同年份的父辈和子辈关系表，再将不同年份的父辈和子辈的关系表进行合并，得到七年的父辈和子辈关系的面板数据。另外值得注意的是，如果一个家庭含有多个子辈的话，则将这个家庭视为多次观测，保留子辈的信息不变，加入相对应的父辈的信息。

父辈收入和子辈收入情况是本章研究中比较关心的两个变量，考虑到代际的时间跨度，本书的配对样本中包含了父辈1989—2015年间10次调查的收入面板数据，以及子辈2009—2015年间3次调查的收入面板数据。CHNS数据库中对收入信息的记录较为详细和准确，基本可以满足代际收入弹性测度的数据要求。CHNS数据库中个人的收入主要由以下几项构成：（1）个体主要职业和第二职业的工资收入；（2）个体每月的补贴收入，包括副食补贴、洗理费、房屋补贴、保健津贴、书报费和其他补贴；（3）个体每年的奖金收入，包括月奖、季度奖、节日奖和其他奖；（4）个体每年从集体农场获得的收入以及得到的农产品或其他东西的价值，从饲养场每年获得的收入以及得到的畜禽产品及实物的价值，从集体渔场每年获得的收入以及得到的鱼及实物的价值等，同时CHNS记录了退休人员的平均月退休金和奖金。应该可以说，CHNS 数据库的收入不仅仅包括了市场性收入也涵盖了个体的非市场性收入，比如补贴、获得的实物价值等等，并且值得一提的是，项目组还根据不同省份和不同年份的物价指数对收入进行了调整，这使得不同地区和不同年份的收入数据具有可比性，进一步提高了收入面板数据的准确性，这些有益的尝试无不使得收入得到了更为准确的度量，这有利于本书中代际收入弹性估计偏差的降低。

第二节　城乡居民代际收入流动样本描述性统计分析

本章首先对样本进行了描述性统计分析，表 3–1 显示了父辈和子辈整体、城乡和分地区和分收入水平的子样本的年平均收入和平均年龄。可以看出，整体样本中父辈的年平均收入为 9644.15 元，子辈的年平均收入为 18233.03 元；父辈的平均年龄为 55.02 岁，子辈的平均年龄为 35.75 岁。城乡子样本显示，城镇父辈的年平均收入比农村高出 5774.62 元；而城镇子辈的年平均收入则比农村高出 3857.75 元。分地区而言，东部地区的父辈的收入水平显著高于中部和西部地区，分别高出 1353.21 元和 4108.84 元，中部地区的子辈的收入水平显著高于东部和西部地区，分别高出 2666.37 元和 10744.51 元。

表 3–1　主要变量的描述统计

分组	父辈		子辈		样本量
	收入（元）	年龄（岁）	收入（元）	年龄（岁）	
整体样本	9644.15	55.02	18233.03	35.75	300
城镇样本	14321.59	52.71	21357.81	34.84	57

续表

分组	父辈		子辈		样本量
	收入（元）	年龄（岁）	收入（元）	年龄（岁）	
农村样本	8546.97	55.56	17500.06	35.97	243
东部地区	11848.00	54.54	20683.74	35.52	68
中部地区	10494.79	53.34	23350.10	35.68	106
西部地区	7739.16	56.68	12605.59	35.94	126

资料来源：本书根据 CHNS 数据计算而得。

第三节　代际收入弹性的已有测算方法

学术界一般认为普赖斯（Prais，1955）首先提出了测度收入流动性，随后夏洛克斯（Shorrocks，1978a，1978b，1992）、阿特金森（1981）、马苏米（Maasoumi，1986）、菲尔兹和奥（Fields & OK，1996，1999a，1999b，2001）等人作出了大量的开创性的研究。但是真正对代际收入流动性开展研究始于布劳和邓肯（1967）采用相关系数法进行的简单测算。由于相关系数法的局限性，一些学者开始利用百分位转换矩阵和回归法进行测算，这两种方法同样存在一定的局限：前者的不足是不能够对代际收入流动性进行路径分解；而后者的不足之处在于，在难以获得持久性收入的情况下，单年的收入数据将会导致代际收入流动性的估计向下偏误，必须借助于一些方法进行调整。本章首先对各种测算方法进行介绍，继而利用百分位转换矩阵和回归法中的均值法测算代际收入流动性，百分位转换矩阵有利于深刻地了解代际流动的趋势和方向，回归法中的均值法则降低了使用最小二乘法估计时的偏误，并且能够进行路径分解。

一、相关系数

布劳和邓肯（1967）首先采用相关系数法来测算代际收入弹性，随后，贝尔曼和陶布曼（1985）、贝克尔和托姆斯（1986）也通过相关系数法测算出美国的代际收入相关性，得出了美国代际收入流动性很高的结论。索伦（1992）、莱弗朗克和阿兰（Lefranc & Alain，2005）指出，如果收入不平等状况在代际之间保持不变，则相关系数可以作为代际收入流动的衡量指标；当代际间的收入不平等状况发生了合理的变化，虽然有所误差，但相关系数也可以作为代际收入流动的衡量指标。但是，倘若一种政策通过减少影响平均收入波动的因素而降低不平等，计算出的相关系数难以反映出政策的影响，而事实上，代际收入流动性应当是提高了。作为比较，我们依然给出了相关系数的计算公式：

$$r=\frac{\sum(Y_i^f-\overline{Y}^f)(Y_j^c-\overline{Y}^c)}{\sqrt{\sum(Y_i^f-\overline{Y}^f)^2\cdot\sum(Y_j^c-\overline{Y}^c)^2}} \tag{3.1}$$

式（3.1）中，Y_i^f表示第 i 个父辈的年平均收入，$\overline{Y}^f$为所有父辈年平均收入的均值；Y_i^c表示第 j 个子辈的年平均收入，$\overline{Y}^c$为所有子辈年平均收入的均值。

二、百分位转换矩阵

百分位转换矩阵最初是在研究一阶马尔科夫随机过程中所提出的，社会学家曾经借助其分析社会群体间的随机流动。普赖斯（1955）首次采用这一方法进行收入流动性分析后，阿特金森、布吉尼翁（Bourguignon）、莫里森（Morrison，1992）等学者将该方法进一步发展，真正具有代表作用的是夏洛克斯（1978）用百分位转换矩阵衡量收入流动的时间依赖。

定义收入是从$y_a \to y_b$转变的转换矩阵，则有：

$$P(y_a, y_b) = \left[p_{ij}(y_a, y_b)\right] \in R^{m \times m} \quad (3.2)$$

$p_{ij}(y_a, y_b)$ 表示基年（$t=a$）处于第 i 等级的居民收入在末年（$t=b$）处于第 j 等级的百分比，m 为收入等级的数量，根据定义可知，对于所有的 i，则有：

$$\sum_{j=1}^{m} P_{ij}(y_a, y_b) = 100 \quad (3.3)$$

现假设式 $b=a+1$，则仅有两列收入分配数列，将收入由低到高分为 5 个等级，则可以建立 5×5 的百分位转换矩阵。对于矩阵的第 i 行第 j 列的元素 p_{ij}，表示（$t=a$）时期收入在第 i 等级的居民在（$t=b$）流动到第 j 等级的百分比。

如果将式（3.2）中的$y_a \to y_b$用$y^f \to y^c$代替，定义为父辈收入向子辈收入转换，即代际收入传递，同样，我们将收入分为 5 个等级，则 5×5 的百分位转换矩阵可以表示为：

$$P(y^f, y^c) = \left[p_{ij}(y^f, y^c)\right] \in R^{m \times m} \quad (3.4)$$

同样，存在：

$$\sum_{j=1}^{m} P_{ij}(y^f, y^c) = 100 \quad (3.5)$$

$p_{ij}(y^f, y^c)$ 表示父辈收入处于第 i 等级的子辈其收入处于第 j 等级的百分比，用以表示相对于父辈，子辈的收入是向上流动、不流动还是向下流动的程度。

三、回归法

对数线性回归模型（Log-Linear Model）是学者们估计代际收入

流动的主要方法。基本的回归模型为：

$$Y_i^c = \alpha_0 + \rho Y_i^f + \varepsilon_i \quad (3.6)$$

Y_i^c 表示第 i 个家庭中子辈的持久性收入的对数形式，Y_i^f 表示第 i 个家庭中父辈的持久性收入的对数值，ε_i 是与 Y_i^f 无关的随机扰动项，ρ 是我们所关注的父辈与子辈间的代际收入弹性，反映了代际的收入流动性。ρ 的估计值越大，说明收入的代际流动性越差。两个极端的情况是：$\rho=0$，说明子女的收入完全不受父辈的影响；$\rho=1$，则表明子女的收入完全由父辈的收入来决定。如果能够获取父辈和子辈的持久收入数据，代际收入流动性就可以通过上述模型用普通最小二乘法加以估计，但是对于包括中国在内的发展中国家来说，研究代际收入流动性的最大障碍是缺乏时间跨度足够长的连接父辈和子辈收入关系的大规模数据资料。索伦（1992）、比约克隆德和简特瑞（Bjorklund & Jantri，1997）以及莱弗朗克和特拉诺伊（Lefranc & Trannoy，2003）等指出忽视持久收入而仅仅利用现期收入来测度代际收入流动性将导致代际收入弹性系数的评估值产生向下的偏误。索伦（1992）提出了两种降低偏误的方法——工具变量法和收入均值法。

（一）工具变量法

根据式（3.7）进行最小二乘法估计需要给定两代人长时期连续收入的样本，但是，诸多研究中所使用的数据仅提供了父辈和子辈当期收入（通常是某一调查时期的收入），在此情况下，采用式（3.7）进行估计是导致 ρ 向下偏误的主要原因：

$$Y_{it}^c = \alpha_0 + \rho Y_{it}^f + \varepsilon_{it} \quad (3.7)$$

因此，估计出一个无偏的代际收入流动性需要获得父辈的持久性收入，索伦（1992）、迪尔登等（Dearden et al.，1997）和艾琳（Irene，

2007）等学者提出，工具变量法可以解决这一问题，即将父亲的教育、行业等变量作为父辈现期收入的工具变量，用以估计出父辈的持久性收入，进而进行最小二乘法估计。因为，与短期收入相比，父辈的经济地位、教育和行业等特征不会出现短时期的变化，能够真实地反映出持久性收入。在模型中，我们还控制父辈的年龄以及年龄的平方，父辈的现期收入方程写为：

$$Y_{it}^{f} = \gamma_1 Education_i^f + \gamma_2 Occupation_i^f + \eta_1 Age_i^f + \eta_2 (Age_i^f)^2 e_{it}^f + u_{it} \quad (3.8)$$

可以根据式（3.8）得出 γ_1 和 γ_2 的估计值$\hat{\gamma}_1$和$\hat{\gamma}_2$，在此基础上，第二阶段则是利用第一阶段分析所得到的估计值进行最小二乘法估计。与式（3.8）类似，我们同样控制了子辈的年龄以及年龄的平方，估计方程为：

$$Y_{it}^{c} = \alpha + \rho(\hat{\gamma}_1 Education_i^f + \hat{\gamma}_2 Occupation_i^f) + \chi_1 Age_i^f + \chi_2 (Age_i^f)^2 e_{it}^f + e_{it} \quad (3.9)$$

利用持久性收入进行估计显然能够降低 ρ 的偏误，但是，正如索伦（1992）、比约克伦和詹蒂 (1997）指出的，当工具变量（父辈的教育和社会资本）对子辈的收入有直接的影响时，这将导致估计结果的向上偏误。

（二）收入均值法

由于短期的面板数据同样也会因为测量误差，且难以代替持久性收入，而导致$\hat{\rho}$向下偏误，在此情况下可以通过利用父辈收入面板数据，并使用数年的收入平均值作为持久性收入的代理变量，这样在很大程度上能够减少短期因素的影响和自变量的测量误差方差，抑制$\hat{\rho}$向下偏误。

索伦（1992）将子辈单年收入扩展为：

$$Y_{it}^{c} = \alpha_1 + Y_i^c + \beta_1 Age_{it}^c + \beta_2 (Age_{it}^c)^2 + e_{it} \quad (3.10)$$

Age_{it}^{c} 表示在 t 年第 i 个家庭中子辈的年龄，$(Age_{it}^{c})^2$ 表示在 t 年第 i 个家庭中子辈的年龄的平方，同样的，父亲在 s 年的收入可以写为：

$$Y_{is}^{f}=\alpha_2+Y_i^{f}+\gamma_1 Age_{is}^{f}+\gamma_2(Age_{is}^{f})^2+u_{it} \quad (3.11)$$

将式（3.10）和式（3.11）代入式（3.7），可以得到：

$$Y_{it}^{c}=(\alpha_0+\alpha_1-\rho\alpha_2)+\rho Y_{is}^{f}+\beta_1 Age_{it}^{c}+\gamma_1(Age_{it}^{c})^2-\rho\beta_2 Age_{is}^{f}+\rho\gamma_2(Age_{is}^{f})^2+\varepsilon_{it}+e_{it}-\rho u_{is} \quad (3.12)$$

索伦（1992）证明了式（3.12）中$\hat{\rho}$向下偏误的程度已经下降，但由于Y_{is}^{f}与$(\varepsilon_{it}+e_{it}-\rho u_{is})$仍然相关，$\hat{\rho}$依然存在较大的向下偏误，绝大多数研究采用父辈的数年收入均值代替单年收入。艾琳（2007）曾证明，当子辈的收入数据是单年收入而非持久性收入时，会造成收入流动性向上偏误。因此，本书不仅对父辈的数年收入取均值，同样也对子辈收入取均值以获得子辈持久性收入的代理变量。那么，式（3.12）可以写为：

$$\overline{Y}_i^{c}=(\alpha_0+\alpha_1-\rho\alpha_2)+\rho\overline{Y}_i^{f}+\beta_1\overline{A}ge_i^{c}+\gamma_1(\overline{A}ge_i^{c})^2-\rho\beta_2\overline{A}ge_i^{f}+\rho\gamma_2(\overline{A}ge_i^{f})^2+\varepsilon_{it}+\overline{e}_i-\rho\overline{u}_i \quad (3.13)$$

利用式（3.13），可以降低随机误差项$(\varepsilon_{it}+\overline{e}_i-\rho\overline{u}_{is})$的方差，从而进一步降低了$\hat{\rho}$的偏误。

第四节　测算结果

鉴于相关系数的局限性，目前对代际收入流动性的研究主要采用百分位转换矩阵和回归法进行测算。由于使用单年的收入数据会导致代际收入流动性的估计值向下偏误，学者们在研究过程中采用了工具变量法和收入均值法以减少向下偏误。但是在利用工具变量法测度代际收入流动性时，如果工具变量的选择并非完全外生，则可能导致代际收入流动性的估计值向上偏误。然而在笔者的数据中，包含了父辈

10 次调查的面板收入数据，考虑到代际的时间跨度，子辈的收入包含了 3 次调查的面板数据，由于收入数据的缺失较为严重，采用面板模型同样将会造成有偏估计，因此，本书选择了回归法中的收入均值法，对父辈和子辈的收入进行数年平均后再利用最小二乘估计来测度中国城乡居民的代际收入弹性，并使用百分位转换矩阵进一步分析了代际收入流动的趋势和方向。

一、城乡居民代际收入流动性测算

表 3–2 城乡居民的代际收入弹性

	整体样本	城镇样本	农村样本
1989—1993	0.36*** （0.08）	0.27 （0.16）	0.33** （0.10）
1989—1997	0.38*** （0.09）	0.39* （0.15）	0.33** （0.11）
1989—2000	0.38*** （0.10）	0.40* （0.18）	0.31** （0.11）
1989—2004	0.43*** （0.10）	0.40* （0.19）	0.39*** （0.12）
1989—2006	0.46*** （0.10）	0.45* （0.18）	0.40*** （0.12）
1989—2009	0.49*** （0.10）	0.48* （0.20）	0.43*** （0.12）
1989—2011	0.49*** （0.10）	0.48* （0.21）	0.42*** （0.12）
1989—2015	0.54*** （0.11）	0.64** （0.21）	0.46*** （0.12）
样本数	300	57	243

注：*、** 和 *** 分别代表统计检验显著水平为 10%、5% 和 1%。

资料来源：本书根据 CHNS 数据计算而得。

回归结果表明：第一，对于整体样本，利用父辈 10 次调查的收入均值研究所得的代际收入弹性为 0.54，即父辈的年收入每提高 1%，子女的年收入将增加 0.54% 左右，父辈收入对于子女的收入影响较大。本书所测度的代际收入弹性值显著高于王海港（2005）以及郭丛斌等（2007）的研究结论，这也证实了使用单年收入数据会导致代际收入弹性值的向下偏误，而使用长时期的收入均值数据对样本的持久性收入代表性更强，从而能够显著降低代际收入弹性值的向下偏误。另外，从国际比较来看，中国居民的代际收入弹性值高于美国、英国和加拿大等国家，低于秘鲁和巴西等发展中国家（见图 3–1）。国外学者所测度的美国代际收入弹性在 0.4 以上，如科拉克（2006）测算出父辈年龄在 45 岁以下的代际收入弹性为 0.43。欧洲国家则普遍较低。芬兰 0.13（奥斯特巴克，2001）；瑞典 0.28（比约克伦和詹蒂，1997）；西班牙 0.38（普拉，2007）；德国 0.32（科拉克，2006）；法国 0.41（科拉克，2006）；英国 0.20—0.25（尼科莱蒂和埃米施，2007）。此外，一些发展中国家的代际收入弹性为：巴西 0.69 或 0.58（邓恩，2007；费雷拉和维罗索，2006）；智利 0.52（努涅斯和米兰达，2006）；秘鲁 0.60（格劳，2001）。一般而言，代际收入流动性与经济发展水平成正比，发展中国家的代际收入弹性值通常高于发达国家，代际收入流动性低于发达国家（索伦，1992）。主要原因在于，经济发展水平较高的国家，不仅劳动力市场相对完善，对公共教育的投资比重也相对较高，从而提高了社会的代际收入流动性。

第二，通过比较农村样本和城镇样本可以发现，利用父辈 10 次调查的收入均值研究所得的城镇居民的代际收入弹性为 0.64，农村居

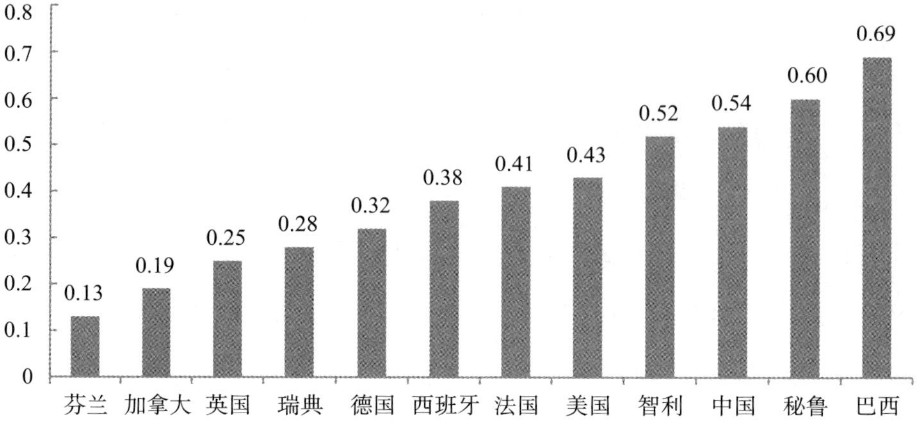

图 3-1 各国的代际收入弹性比较

民的代际收入弹性约为 0.46。值得注意的是，由于本书所使用的数据历时近 30 年，因此存在一定程度的样本流失问题，特别是对于农村样本来说，由于升学或其他原因使得子辈离开农村，成为城镇居民，这可能造成剩下的样本中子辈多为低收入、无法离开农村的那部分群体。倘若离开农村的子辈，其父辈具有较高的收入，则本书关于农村居民代际收入弹性的估计结果可能被低估，即高估了代际收入流动性；反之，倘若离开农村的子辈，父辈具有较低的收入，则本书关于代际收入弹性的估计可能被高估，即低估了代际收入流动性。就中国的现实而言，前者的比重相对较大，因为父辈收入较低的家庭可能会由于受到预算约束降低了子辈通过升学等其他途径流出成为城镇居民的概率。

为进一步深入分析中国城乡居民代际收入流动的特点，本书分别根据父辈和子辈收入的高低，将父辈和子辈的收入由高至低分为 5 等分，利用百分位转换矩阵法对处于不同收入群体的城乡居民的代际收入流动性进行了分析。如表 3–3 所示，笔者发现各个收入群体的城乡居民代际收入流动性存在较为明显的差异，对于整体样本而言，收入分配五分位底部的居民，其子女大约有 28.3% 仍然处于收入分配的最底端，约有 58% 的子女仍居于最低和次低收入组，仅有 8.33% 的子女能够上升至顶层。而最高收入群体居民的子女大约有 40% 持续处在收入顶端，父辈收入处于中等水平的群体，其子辈向上流动的趋势略低于向下流动的趋势。

城镇居民收入分配两端代际收入流动较为封闭，父辈属于最低收入群体的城镇居民子辈约有 45.5% 处于收入最底层，且其上升至高收入群体的可能性最低；最高收入群体的城镇居民子辈有 25% 仍居于收入分配五分位顶部，下降到底部的比重为 9.09%；父辈属于中等收入组向上流动的趋势高于向下流动的趋势。而农村居民收入分配两端的代际收入流动性略高于城镇居民，父辈属于最低收入群体的农村居民子辈有 31.3% 仍处于收入最底层，上升至高收入群体的可能性为 8.16%，最高收入群体的农村居民子辈约有 32.7% 居于收入分配五分位顶部，下降到最底部的比重约为 8.33%；父辈属于中等收入组的子辈收入向上流动和向下流动的趋势基本相同。

表 3–3　城乡居民代际收入的百分位转换矩阵

全部样本							
	父辈的收入五等分						
子辈的收入五等分		1	2	3	4	5	总计
	1	31.70	23.30	20.00	16.70	8.33	20.01
	2	20.00	30.00	20.00	16.70	13.30	20.00

续表

全部样本							
子辈的收入五等分	3	28.30	23.30	15.00	13.30	20.00	19.98
	4	10.00	13.30	23.30	23.30	30.00	19.98
	5	10.00	10.00	21.70	30.00	28.30	20.00
	总计	100	100	100	100	100	100
城镇样本							
	父辈的收入五等分						
子辈的收入五等分		1	2	3	4	5	总计
	1	25.00	41.70	16.70	0.00	16.70	20.02
	2	27.30	27.30	36.40	9.09	0.00	20.02
	3	16.70	8.33	16.70	33.3	25.00	20.01
	4	27.30	9.09	27.30	27.3	9.09	20.02
	5	9.09	9.09	9.09	27.3	45.50	20.01
	总计	100	100	100	100	100	100
农村样本							
	父辈的收入五等分						
子辈的收入五等分		1	2	3	4	5	总计
	1	32.70	24.00	24.00	18.40	8.16	21.45
	2	18.40	34.70	22.40	14.30	12.00	20.36
	3	16.70	28.00	18.80	18.80	25.00	21.46
	4	24.50	18.40	18.40	14.30	24.50	20.02
	5	8.33	6.25	18.80	35.40	31.30	20.02
	总体	100	100	100	100	100	100

资料来源：本书根据 CHNS 数据计算而得。

二、分区域代际收入流动性测算

表 3-4 分别报告了东部、中部和西部三个地区以父辈收入 3 年、4 年、5 年、6 年、7 年、8 年、9 年、10 年均值作为自变量计算所得的居民的代际收入弹性，模型中控制了父辈和子辈的年龄以及年龄

的平方（囿于篇幅没有报告）。表中第一行表示利用1989—1993年期间3次调查的父辈收入均值估计得到的估计弹性，第二行表示利用1989—1997年期间4次调查的父辈收入均值得到的估计弹性，第三行表示利用1989—2000年期间5次调查的父辈收入均值得到的估计弹性，第四行表示利用1989—2004年期间6次调查的父辈收入均值得到的估计弹性，第五行表示利用1989—2006年期间7次调查的父辈收入均值得到的估计弹性，第六行表示利用1989—2009年期间8次调查的父辈收入均值得到的估计弹性，第七行表示利用1989—2011年期间9次调查的父辈收入均值得到的估计弹性，第八行表示利用1989—2015年期间10次调查的父辈收入均值得到的估计弹性。研究表明，当我们利用父辈10次调查的收入均值时，代际收入弹性显著提高，东部地区为0.57，中部地区为0.49，西部地区为0.46。东部和中部地区的代际收入弹性显著高于西部地区。

表3-4　分地区代际收入弹性

	东部	中部	西部
1989—1993	0.37* （0.17）	0.42** （0.14）	0.23 （0.14）
1989—1997	0.30 （0.18）	0.48** （0.14）	0.24 （0.15）
1989—2000	0.37* （0.17）	0.43* （0.17）	0.24 （0.15）
1989—2004	0.41* （0.16）	0.46** （0.16）	0.33 （0.17）
1989—2006	0.48** （0.16）	0.48** （0.16）	0.33 （0.18）
1989—2009	0.48** （0.16）	0.46** （0.16）	0.41* （0.19）

续表

	东部	中部	西部
1989—2011	0.50** （0.16）	0.46** （0.16）	0.40* （0.20）
1989—2015	0.57** （0.17）	0.49** （0.16）	0.46* （0.20）
样本数	68	106	126

注：*、** 和 *** 分别代表统计检验显著水平为 10%、5% 和 1%。

资料来源：本书根据 CHNS 数据计算而得。

利用百分位转换矩阵可以进一步深入探究各地区居民代际收入流动的趋势（见表 3–5），研究结果表明：三大地区处于收入分配两端居民的代际收入流动都较为封闭。

对于东部地区而言，父辈处于最低收入组群的居民子辈有 30.80% 仍然处于收入最底层，约有 6.67% 的子辈能够上升至最高收入组群；最高收入组群的居民子辈仍有 40% 居于收入分配五分位顶部，同时有 15.4% 的子辈向下流动到中等以下收入组群；父辈处于中等收入组群的居民子辈有 23.10% 仍处于本组，但其向上流动的趋势大于向下流动的趋势。

对于中部地区而言，父辈处于最低收入组群的居民子辈有 19.00% 仍然留在本组，仅有 9.09% 的子辈有可能上升到收入最高组；而父辈处于最高收入组群的居民子辈其继续留在本组群的可能性为 22.70%，但同时其向下流动的趋势也较为明显；对于父辈处于中等收入组群的居民子辈而言，其同样具有向上流动的趋势大于向下流动趋势的特点。

对于西部地区而言，父辈收入处于最低收入组群的居民子辈有 28.00% 仍居于本组，仅有 7.69% 的子辈上升到最高收入组群；父辈收入处于最高收入组群的居民子辈有 40.00% 留在本组群，仍属于高收入群体，而向下流动到中下收入组群的子辈约为 24.00%；与其他地区类似，父辈处于中等收入组群的居民子辈向上流动的趋势略大于向下流动。

表 3-5　分地区百分位转换矩阵

东部样本							
		父辈的收入五等分					
		1	2	3	4	5	总计
子辈的收入五等分	1	40.00	26.70	26.70	0.00	6.67	20.01
	2	30.80	30.80	7.69	7.69	23.10	20.02
	3	15.40	38.50	23.10	15.40	7.69	20.02
	4	7.14	7.14	28.60	28.60	28.60	20.02
	5	7.69	0.00	7.69	53.80	30.80	20.00
	总计	100	100	100	100	100	100
中部样本							
		父辈的收入五等分					
		1	2	3	4	5	总计
子辈的收入五等分	1	22.70	31.80	31.80	4.55	9.09	19.99
	2	14.30	19.00	23.80	19.00	23.80	19.98
	3	47.60	19.00	9.52	14.30	9.52	19.99
	4	4.76	9.52	14.30	33.30	38.10	20.00
	5	14.30	19.00	19.00	28.60	19.00	19.98
	总计	100	100	100	100	100	100
西部样本							
		父辈的收入五等分					
		1	2	3	4	5	总计
子辈的收入五等分	1	53.80	3.85	11.50	23.10	7.69	19.99
	2	14.80	33.30	29.60	3.70	18.50	19.98
	3	8.70	21.70	21.70	17.40	30.40	19.98
	4	20.00	20.00	24.00	20.00	16.00	20.00
	5	4.00	20.00	12.00	36.00	28.00	20.00
	总体	100	100	100	104	100	100

资料来源：本书根据 CHNS 数据计算而得。

总体来看，从东到西，三大地区依次具有更高的代际收入流动性，但就各地区内部而言，表现出高收入组群子辈收入向下流动的趋势逐渐增强，低收入组群子辈向上流动的趋势逐渐减弱的特征，这与东部地区比中、西部地区具有更高的代际收入弹性的结论并不矛盾。整体来看，收入更高的地区具有更高的教育和社会资本回报率，能够复制原有的生产关系，这也表现在处于收入分配顶端的东部居民依然具有较高的代际收入传递性；同时当教育的回报率较高时，东部地区较为完善的信贷市场使得低收入群体得以通过借贷等方式投资于子辈的人力资本，从而其子辈收入获得向上流动的可能性也更大。但是，对于不发达地区的农村居民而言，不完善的信贷市场无法提供其投资子辈的人力资本时所需的信贷资金，在这种情况下，家庭所拥有资产的多寡就变得至关重要（李菁、林毅夫、姚洋，2002）。一旦能够获得信贷支持，子辈收入向上流动的可能性就会增加。

三、分收入水平代际收入流动性测算

本节旨在比较不同收入水平居民的代际收入弹性，并不考虑地区差异。实证分析结果如表 3–6 所示，可以发现，利用父辈 10 次调查的收入均值所测度的高收入样本的代际收入弹性高于低收入样本，前者为 0.54，后者为 0.43，说明高收入群体的代际收入流动性低于低收入群体。

表 3–6 居民分收入水平代际收入弹性

	高收入	低收入
1989—1993	0.26 （0.15）	0.36* （0.15）

续表

	高收入	低收入
1989—1997	0.40** (0.15)	0.34* (0.16)
1989—2000	0.49** (0.16)	0.35* (0.17)
1989—2004	0.57*** (0.14)	0.48** (0.18)
1989—2006	0.60*** (0.15)	0.50* (0.19)
1989—2009	0.55*** (0.15)	0.51* (0.20)
1989—2011	0.49** (0.16)	0.45* (0.20)
1989—2015	0.54*** (0.16)	0.43* (0.21)

注：*、** 和 *** 分别代表统计检验显著水平为 10%、5% 和 1%。
资料来源：本书根据 CHNS 数据计算而得。

百分位转换矩阵显示了不同群体内部的流动方向（见表 3-7）。

在高收入样本中，父辈收入处于五分位底端的子辈有 13.30% 仍留在本组，仅有 20.00% 的子辈上升到收入五分位的顶部；父辈收入处于五分位顶部的子辈有 23.30% 的子辈留在本组，同时有 16.70% 的子辈下降到收入五分位的底部；而对于父辈收入居于五分位中部的子辈而言，其向下流动的趋势显著高于向上流动的趋势。

在低收入样本中，子辈与父辈同处于收入五分位底端的比重为 30.00%，仅有 13.30% 的子辈能够上升到收入五分位的顶部；子辈与父辈同处于收入五分位的顶部的比重为 43.30%，而其下降到收入五分位底端的比重为 13.30%；对于父辈收入居于五分位中部的子辈而言，其向上流动的趋势与向下流动的趋势基本相同。

显然，对于高收入样本而言，处于收入五分位两端的组群代际收入传递性都较高，但内部流动相对活跃；而对于低收入样本，处于收入五分位底端的组群代际收入的传递性更高，但内部流动不够频繁。正如邢春冰（2006）指出，面对可能存在的人力资本投资约束、有限的工作机会、劳动力市场中的信息不对称和市场分割时，劳动者更加依赖于社会资本，特别是父辈（家庭）的社会资本。这将出现，低收入家庭的子辈不仅受到资本约束，难以进行人力资本投资，并且由于父辈社会资本的局限，向上流动的可能性显著降低。

表 3-7　分收入水平百分位转换矩阵

高收入样本							
		父辈的收入五等分					
		1	2	3	4	5	总计
子辈的收入五等分	1	23.30	33.30	13.30	10.00	20.00	19.98
	2	16.70	13.30	23.30	30.00	16.70	20.00
	3	20.00	23.30	13.30	13.30	30.00	19.98
	4	23.30	20.00	16.70	20.00	20.00	20.00
	5	16.70	10.00	33.30	26.70	13.30	20.00
	总计	100	100	100	100	100	100
低收入样本							
		父辈的收入五等分					
		1	2	3	4	5	总计
子辈的收入五等分	1	43.30	16.70	13.30	13.30	13.30	19.98
	2	6.67	26.70	36.70	13.30	16.70	20.01
	3	13.30	10.00	23.30	26.70	26.70	20.00
	4	23.30	26.70	16.70	20.00	13.30	20.00
	5	13.30	20.00	10.00	26.70	30.00	20.00
	总计	100	100	100	100	100	100

资料来源：本书根据 CHNS 数据计算而得。

本章分别采用CHNS数据中父辈3次、4次、5次、6次、7次、8次、9次、10次调查的收入均值以及子辈3次调查的收入均值，分别构造了父辈和子辈持久性收入的代理变量，测算了中国居民整体样本、分城乡样本、分地区样本和分收入水平的代际收入弹性，收入均值法避免了使用单年收入估计代际收入弹性时产生的估计值向下偏误或使用的工具变量不完全外生时产生的估计值向上偏误的局限性，使得代际收入弹性的估计值更为准确。在此基础上，本书进一步利用百分位转换矩阵考察了不同样本代际收入流动的趋势和方向，进而较为全面地揭示了中国城乡居民代际收入流动性的状况。通过研究本章得出以下主要结论：

第一，从整体上看，中国居民存在明显的代际收入传递效应，代际收入流动性较差。本书所测度的代际收入弹性值显著高于王海港（2005）以及郭丛斌等（2007）的研究结论，这也证实了使用单年收入数据会导致代际收入弹性值的向下偏误，而利用长时期的收入均值数据对持久性收入的代表性更强，得到的代际收入弹性的估计值更高。中国整体的代际收入弹性高于发达国家，而低于部分发展中国家。分样本而言，城镇地区代际收入弹性为0.64，农村地区代际收入弹性为0.46。就流动趋势而言，无论是整体样本、城镇样本还是农村样本，收入分配两端组群的代际收入流动都较为封闭。

第二，代际收入弹性表现出显著的地区差异，东部和中部地区的代际收入弹性显著高于西部地区。就流动趋势而言，三大地区收入分配两端组群的代际收入流动都较为封闭，但从东到西，表现出高收入群体子辈收入向下流动的趋势逐渐增强、低收入群体子辈向上流动的趋势逐渐减弱的特征。

第三，与低收入群体相比，高收入群体的子辈收入受父辈收入的影响程度更大。从内部的流动趋势看，对于高收入群体而言，处于收入五分位两端的组群代际收入传递性都较高，但内部流动相对活跃；而对于低收入群体，处于收入五分位底端的组群代际收入的传递性更高，但内部流动不够频繁。

第四章 城乡居民代际收入传递路径研究——基于人力资本与社会资本双视角的分析

在第三章中，本书利用不同的方法考察了中国城乡居民的代际收入流动性，分析表明，中国城乡居民的代际收入流动性存在着城乡、地区和收入水平的差异，然而对于代际收入弹性的测算只是代际收入流动性研究的最基础的一步，更重要的是分析代际收入传递背后的传递路径。[①] 基于此，本章将从人力资本和社会资本的角度对中国城乡居民代际收入的传递机制进行实证分析。

第一节 代际收入传递路径的影响因素

从第三章中的分析框架中可以得知，父辈和子辈之间的代际收入传递路径主要有人力资本和社会资本两个方面。

对于人力资本而言，父辈的收入一方面可以通过影响子女的教育水平来影响子女的收入。一般而言，在存在预算约束前提下，收入较

① 正如美国学者加里·索伦（1999）指出对代际收入流动的传递路径的研究是“一个迷人又有价值的难题”，对研究而言是一次重大而艰难的挑战，并且认为，“找到更可靠的实证证据来回答这个难题，需要非凡的创造力”。

高的父辈，其子女的受教育年限和教育质量也更高。另一方面，除了教育这种人力资本投资方式外，父辈的收入还会通过影响子女的健康来影响子女的收入。研究表明：父辈收入主要通过以下四种途径对子女的健康产生影响：胎儿营养；有利或不利因素在生命过程中的积累；医疗等资源的获得以及不同生活方式等行为因素。首先胎儿的健康依赖于母体营养物质和氧气的稳定供应。收入较低的家庭，母体摄入的营养可能不足，这可能将永久性地改变胎儿一些器官的生长发育，并增加机体在成年后罹患冠心病、中风、糖尿病和高血压等疾病的概率（巴克，1995，1997）。同时，父母的收入还影响子女医疗可获性，贫困地区通常缺乏必要的卫生设施和基础设施，而低收入家庭支付医疗服务的能力更低。凯斯等（Case et al.，2002）的研究表明，低收入家庭的子女的健康状况比高收入家庭的同类子女差，而且这种不利健康的效应会随子女年龄的增长而积聚。他们认为部分社会经济地位的代际传递是通过父母收入对子女健康的影响来传递的。

除了人力资本外，父辈的收入还通过社会资本的传递来影响子女的收入。一般而言，若父辈为高收入群体，其社会资本等关系网络也主要集中于高收入群体，其子女在这一社会网络中成长，或多或少地继承了这种网络关系，更易于进入高收入行业工作。因此，社会资本的传递也是代际收入传递的重要途径。

综上所述，代际收入传递的路径主要包括教育投资、健康投资、社会资本禀赋的传递等。本书也主要从这三种传递路径对代际收入弹性进行分解。

由于中国城镇和农村，东部地区、中部地区和西部地区之间的劳动力市场是不同质的，同样的社会资本禀赋和人力资本投资在这些不同的区域会表现出不一样的影响。因此，导致代际收入传递的路径存在着差异。基于此，本书分别对我国农村地区、城镇地区，东部地区、中部地区和西部地区的代际收入传递路径进行考察，以发现区域间代际收入传递机制的差异。特别是，根据科拉克（1999）对加拿大的研究发现：不同收入群体的父亲的收入对子女收入的影响可能存在较大的差异。他通过分析加拿大有关个人收入与纳税状况的相关数据，把父亲五年内的年均收入以 1 美元、100 美元、1000 美元和 3000 美元为分界点，将样本量分成 4 个组进行对比。其研究结果表明：总体上加拿大的收入代际效应不是很强，但四个组群的代际收入弹性系数存在差异，分别为 0.228、0.227、0.237 和 0.242，这说明父亲的年收入越高，其对子女收入的影响就越大。同样的，笔者认为中国不同收入群体的父辈对子辈收入的影响可能存在差异，因此笔者在模型中进一步将父亲按照高低收入分为两个群体，以分别考察较高收入群体的父亲和较低收入群体的父亲和子辈之间代际收入传递路径的差异。

另外，如果仅用线性回归的方法对代际收入传递机制进行分析，得到的将是各种因素对代际收入传递的“平均”贡献率，但是从父辈开始对子辈的人力资本和社会资本进行投资到子辈的人力资本和社会资本在劳动力市场上得到经济回报，会是一个很漫长的过程，子辈的能力不同、工作场所不同、所处的劳动力市场不同以及雇主方面的客观原因都会使得父辈对子辈的相同的人力资本和社会资本的投资的回报率存在差异，所以笔者有理由相信父辈相同的人力资本投资和社会资本禀赋给不同收入群体的子辈带来的回报率是不同的。因此，本章还将在使用多元线性回归方法得到的各种因素对代际收入传递机制的“平均”贡献率的基础上，进一步采用分位回归方法分析各种因素对不同收入分位组群的代际收入传递机制的“分位”贡献率，这在一定程度上有助于了解不同收入群体的代际收入传递机制存在着哪些差异，为代际收入的传递机制提供更深层次更细致的实证检验。

第二节 代际收入传导机制的数据处理过程

本章的研究中不仅涉及父辈和子辈的收入变量，所关心的自变量还包括了人力资本变量和社会资本变量，其中人力资本变量包括教育水平和健康水平。而由于 CHNS 项目组在 2011 年之后的两次数据调查中将调查区域由原来的 9 个省份分别扩展到 12 个省份和 15 个省份，且样本流失问题严重，因为代际收入流动性研究对追踪样本数据质量和样本数量要求较为严格，为了保持数据的一致性和可比性，同时为了克服由于样本规模减少所带来的代际收入流动分析上的偏误问题，本章在研究过程中使用的是 CHNS 项目组 1989—2006 年之间的 7 次连续追踪调查数据。

具体的数据处理过程如下：根据记录的家庭成员和户主之间的关系分别组建不同年份的父辈和子辈的关系表，并将不同年份的父辈和子辈的关系表进行合并，得到 10 年的父辈和子辈关系的面板数据后，将这个面板数据和对应的人力资本和社会资本变量以及收入情况进行合并，样本为 300 个。

为了对代际收入的传导机制进行分解，父辈和子辈的收入是研究中重要的变量，这两个变量的准确度量决定着对代际收入传递机制的分解。鉴于此，本书拟采用父辈和子辈的持久性收入的预测值来代替数据中可以观察到的父辈和子辈的当期收入。具体来讲，分别以样本中所有观察年份父辈和子辈的平均收入为因变量，父辈和子辈各年平均的人力资本和社会资本作为自变量，通过多元线性回归得到父辈和子辈的持久性收入的预测值，然后再将预测值带入模型中进行代际收入传递机制的研究。[①]

本书所关心的变量还包括人力资本变量和社会资本变量，其中人力资本变量包括教育水平和健康水平。教育水平的测量相对容易，研究中通常以受教育年限来衡量个体的教育水平。具体来讲，CHNS 数据库中提供了个体在正规学校里受过几年正规教育的变量。CHNS 中对“正规学校里受过几年正规教育”的定义如下：未上学 =0；1 年小学 =11；2 年小学 =12；3 年小学 =13；4 年小学 =14；5 年小学 =15；6 年小学 =16；1 年初中 =21；2 年初中 =22；3 年初中 =23；1 年高中 =24；2 年高中 =25；3 年高中 =26；1 年中专 =27；2 年中专 =28；3 年中专 =29；1 年大学 =31；2 年大学 =32；3 年大学 =33；4 年大学 =34；5 年大学 =35；6 年大学及以上 =36，这样的定义方式无法对教育水平进行比较，为便于比较和分析，因而本书对其进行了换算，使得个体的受教育年限位于 0 年到 18 年之间，具体的换算方式如下：未上学 =0；1 年小学 =1；2 年小学 =2；3 年小学 =3；4 年小学 =4；5 年小学 =5；6 年小学 =6；1 年初中 =7；2 年初中 =8；3 年初中 =9；1 年高中 =10；2 年高中 =11；3 年高中 =12；1 年中专 =10；2 年中专 =11；3 年中专 =12；1 年大学 =13；2 年大

---

① 需要说明的是，由于样本的年度跨度较大，样本中的关键变量如人力资本和社会资本等均存在着一些缺失值，在本书中，这些关键变量的平均缺失率为 3.43%。为保持现有的样本量，本书对缺失值采取了均值插补法进行相应的处理。袁中英（2008）的研究表明：在样本缺失率较少（小于 5%）的情况下，均值插补法的效果误差是可以接受的。

学 =14；3 年大学 =15；4 年大学 =16；5 年大学 =17；6 年大学及以上 =18。[①]

而对于健康这一概念，其类似于个体的“能力”，很难直接进行衡量，对于健康的度量方法，目前学界还没有较为一致的观点。在经济学文献的研究中，使用的健康指标归纳起来大体包括以下八类：（1）自我评价的身体状况；（2）工作受限情况；（3）日常活动能力指数；（4）慢性与急性病情况；（5）医疗保健的利用；（6）精神健康等的临床测试；（7）营养状况（如身高、体重和体质指数等）；（8）预期死亡率。（居里，1999）但由于 CHNS 数据的变量限制，本书主要使用个体身体质量指数（Body Mass Index，BMI[②]）和健康自评状况来衡量健康水平。其中，BMI 衡量的是一个人的体格大小，常被研究者用来衡量潜在的中长期健康水平。以往的研究发现，BMI 指数在衡量个体中期成年营养状况方面优于“体重 / 身高”的比值（詹姆斯等，1988）。1997 年世界卫生组织（World Health Organization，WHO）经过大范围的调查研究，公布了从 BMI 指数上来衡量成年人肥胖与否的标准，即 BMI $<$ 18.5 为体重偏轻；18.5 $\leq$ BMI$<$25 为正常；25 $\leq$ BMI $<$ 30 为超重；BMI $\geq$ 30 为肥胖。而健康自评状况也是研究者经常采用的健康衡量指标（甘宾，2005；琼斯，2000；刘和陶等，2008）。在 CHNS 数据库中，个体的健康自评状况分为四个等级，分别是很好、良好、一般和不好。埃蒂莱（Etilé，2006）等人的研究发现富裕的人群教育水平更高，往往具有更高的健康期望值，倾向于低估其健康状况，而贫穷的人群由于缺乏相关信息并且教育水平较低，

① 由于中专程度的文化水平相当于高中的文化水平，本书将这两者的教育程度视为相等。

② BMI 指身体质量指数（Body Mass Index），计算方法为体重（kg）除以身高（m）的平方。

往往容易高估自己的健康，因此为了纠正健康自评状况在不同人群的偏误，其建议将健康自评状况的四分类合并为“好”与“不好”两分类。本书也采用了类似的方法对健康自评状况进行处理。[①]另外，为了更加准确地衡量出父辈和子辈的健康状况，本书采用了个体的身高、体重和健康自评状况的各年的平均值。

除人力资本外，本书还关心社会资本变量的测度。但和健康一样，社会资本也难以量化，本书认为父辈的社会资本主要集中在和父辈有着相同职业或类似职业的个体之间，因而父辈的社会资本可以用父辈所从事的职业类型来代理。[②]具体而言，CHNS 中询问了个体的主要职业和第二职业的类型，由于样本中拥有第二职业的人群相对较少而且第二职业也不能成为社会资本的有力代理变量，因而本书用父辈的第一职业类型作为父辈所拥有的社会资本的代理变量。为了便于计量结果的说明和分析，本书对职业类型进行了相应的赋值处理（如表 4-1 所示）。采取这种赋值标准的主要依据有以下几点：首先，本书对职业类型的赋值处理主要是根据埃里克森和戈德索普（Erikson & Goldthorpe，2002）的职业等级分类表，并且参考了 CHNS 问卷中对职业的分类而设计的。CHNS 的调查问卷中将职业类型分为了 13 大类：高级专业技术工作者（包括医生、教授、律师、建筑师、工程师等）、一般专业技术工作者（包括助产士、护士、教师、编辑、摄影师等）、

---

① CHNS 数据库中通过询问“与同龄人相比，你觉得自己的健康状况怎么样？”来表示健康自评状况，并且对其定义是：1= 非常好；2= 好；3= 一般；4= 差，本书中将“非常好”与“好”统一处理为“好”，将“一般”和“差”统一处理为“不好”。

② 另外，本书还试图用“父亲是否是村干部”和“父亲是否是行政管理干部”两个变量来表示父辈的社会资本，但是由于样本中这两个变量存在着很大的缺失，因而在最后的研究中仅使用父亲的职业类型来衡量父亲的社会资本。

管理者/行政官员/经理（包括厂长、政府官员、处长、司局长、行政干部及村干部等）、办公室一般工作人员（包括秘书和办事员）、技术工人/熟练工人（包括工段长、班组长、工艺工人等）、非技术工或熟练工人（包括普通工人和伐木工等）、军官与警官、士兵与警察、司机、服务行业人员（包括管家、厨师、服务员、看门人、理发员、售货员、洗衣工、保育员等）、农民和渔民、运动员和演员以及其他职业。[①] 另外，此表的赋值也和中国社会科学院李春玲（2005）对我国职业声望的研究结果相匹配。[②] 李春玲（2005）通过对全国12个省及直辖市中的73个区县的81种职业的研究发现：职业声望得分最高的一组主要包括高级领导干部（如市长、法院院长、县委书记等）和高级知识分子（如工程师、科学家、大学教授、大学教师等）；得分第二组中主要包括中层领导干部（如政府机关局长、政府机关科长）、各类企业高层管理人员（如外资企业经理、国营企业厂长、集体企业厂长）和一些收入较高并具有社会影响力的专业人员（如中学教师、中学校长、报社记者、律师）；得分第三组中包括较高层的专业技术人员（如医生、企业技术员等）、政府部门的普通干部（如机关政工干部）；得分第四组中主要包括较低层的专业技术人员（如服装设计师、小学教师、幼儿园老师、服装模特儿、护士、会计等）、普通办事人员；得分第五组中主要包括技术工人（如外资企业电工、集体企业电工、国营企业电工、私营企业电工等）、具有一定技能专长的商

① 样本中，职业类型为运动员和演员的个数为0，因此在进行职业类型赋值时没有考虑运动员和演员。

② 所谓职业声望是指社会上的绝大多数群体对某种职业的综合性评价，也就是指某种职业所受到的社会尊重程度。职业声望是反映经济地位的重要指标之一。

业服务业员工（如邮递员、推销员、饭店厨师、出租汽车司机等）；得分最低的主要包括无须技术专长的、劳作性的（即体力或半体力性的）工人（如建筑工人、矿工、纺织工人、车工、印刷工人、农民工等）、商业服务业员工（如宾馆服务员、理发师、清洁工、商店营业员、菜市场小摊贩等）、农业劳动者（如种田农民、渔民）。从中可以看出，职业声望的排名情况大体上和本书的职业类型赋值情况相符，这在一定程度上也反映了本书职业类型赋值的相对准确性。

表 4–1　职业类型相对应的分值

职业	分值
管理者 / 行政官员 / 经理（厂长、政府官员、处长、司局长、行政干部及村干部等）	12
军官与警官	11
高级专业技术工作者（医生、教授、律师、建筑师、工程师等）	10
一般专业技术工作者（助产士、护士、教师、编辑、摄影师等）	9
办公室一般工作人员（秘书、办事员）	8
技术工人或熟练工人（工段长、班组长、工艺工人等）	7
士兵与警察	6
服务行业人员（管家、厨师、服务员、看门人、理发员、售货员、洗衣工等）	5
司机	4
非技术工人或熟练工人（普通工人、伐木工等）	3
农民、渔民、猎人	2
其他	1

第三节　研究方法和模型设定

在国外已有的相关研究中，对于代际收入传递机制的分析所采用的研究方法主要包括两种：一种是逐步回归法，通过逐步加入对代际收入弹性有影响的变量，然后比较加入变量后的模型和基准模型的回归结果来得出相应变量对代际收入流动的影响。另一种是代际收入传递的分解方法，这种方法是将代际收入弹性分解成不同影响机制来源，从而估计出不同因素对代际收入传递的贡献率。具体的，根据研究中对收入的不同处理，代际收入传递的分解方法又可以分为基于样本平均值的代际收入传递机制分解方法以及基于持久性收入的代际收入传递机制分解方法。

一、逐步回归法

早期关于代际收入传递机制的研究主要采用的方法是逐步回归法，基本的模型如下：

$$Y_i^c=\alpha+\beta_1 Y_i^f+\beta_2 X_i+e_i \tag{4.1}$$

式（4.1）中，Y_i^c 为子辈的收入，Y_i^f 为父辈的收入，逐步回归法通过逐步加入对代际收入弹性有影响的变量（如教育程度、职业类型等）X_i，然后比较加入变量后的模型和基准模型的回归结果来得出相应变量对代际收入弹性的影响。

索伦（1992）利用美国收入流动面板数据 PSID 较早地对代际收入传递机制进行了研究，其首先放入模型中的变量只有父辈 1967 年的收入和子辈 1984 年的收入，通过回归后得到的父辈和子辈之间的代际收入弹性为 0.386，接着他又在模型中引入了父辈的受教育年限水平，发现代际收入弹性为 0.526，因此得出父辈的受教育年限对代际收入弹性有着显著的影响。伊丽莎白（Elizabeth，1992）采用的也是类似的方法，其利用美国国家追踪调查数据（National Longitudinal Study，NLS）首先对父辈和子辈的收入的相关系数进行了分析，其次在模型中控制了父辈的受教育程度和种族等因素后重新检验父辈收入对子辈收入的影响，发现加入了受教育程度和种族等变量后，父辈收入和子辈收入的相关系数提高了，而且模型的整体拟合优度也得到了提高，从而判断出父辈的受教育程度和种族对代际收入弹性存在着影响。爱德华和肖沃特（1999）的研究也发现在将教育年限纳入回归方程后，家庭收入的系数降低了 50%，从而推论出教育对代际收入弹性有着很强的解释力度。穆利根（1999）则利用美国 NLSY 的面板数据库中 20 世纪 90 年代初的数据，首先在没有控制其他任何变量的情况下估计父母收入对数的变化对子女收入对数变化的影响，接着在模型中加入了一些变量，如教育质量、AFQT 和地理位置等，发现有 40% 的代际收入弹性不能被解释，从而推断出教育质量、地理位置等对代际收入弹性存在着影响。

由于这种逐步回归的方法是通过不断加入相应的变量进行分析的，并不能剔除对代际收入传递有影响的其他因素，模型存在着严重的遗漏变量问题，所得到的各个因素对代际收入传递的影响也存在着偏误，因而无法准确地阐释代际收入的传递机制。

二、代际收入传递分解的方法

自从鲍尔斯和金蒂斯（2002）通过将代际收入弹性分解成不同影响机制来源，从而可以估计出不同因素对代际收入传递的贡献率后，这种代际收入弹性的分解方法被越来越多的学者用来研究代际收入的传递机制。根据在代际收入传递机制研究过程中对样本选择性偏误的处理方式不同，代际收入传递的分解方法又可以分为基于样本平均值的代际收入传递机制分解方法以及基于持久性收入的代际收入传递机制分解方法。

（一）基于样本平均值的代际收入传递机制分解方法

沿用本书的分析框架，代际收入传递的机制包括了教育人力资本的投资、健康人力资本的投资以及社会资本的传递三个途径，因此相应的代际收入传递路径模型如下：

$$Y_i^c=\beta_0 Y_i^f+\beta_1 Edu_s+\beta_2 Hea_s+\beta_3 Occ_s \quad (4.2)$$

式（4.2）中，Y_i^c 和 Y_i^f 分别表示的是子辈和父辈的收入，模型中加入的因变量包括子辈的受教育年限（Edu_s）、子辈的健康状况（Hea_s）以及子辈的职业状态（Occ_s）等。进一步，为了对样本选择性偏误问题进行处理，研究中常将各变量进行标准化处理（即取各变量的均值），从而可以得到标准化的代际收入分解方程为：

$$y_i^c=\alpha_0 y_i^f+\alpha_1 edu_s+\alpha_2 hea_s+\alpha_3 occ_s \quad (4.3)$$

将式（4.3）两边同时乘以 y_i^f，并取期望值，得到：

$$E(y_i^c y_i^f)=\alpha_0 E(y_i^f y_i^f)+\alpha_1 E(edu_s y_i^f)+\alpha_2 E(hea_s y_i^f)+\alpha_3 E(occ_s y_i^f) \quad (4.4)$$

因此，进一步的，代际收入弹性可以分解为：

$$r_{y_i^c y_i^f}=\alpha_0+\alpha_1 r_{edu_s y_i^f}+\alpha_2 r_{hea_s y_i^f}+\alpha_3 r_{occ_s y_i^f} \quad (4.5)$$

其中，$r_{y_i^c y_i^f}$ 为父辈收入和子辈收入的相关系数，$r_{edu_s y_i^f}$ 为父辈收入和子辈教育的相关系数，$r_{hea_s y_i^f}$ 为父辈收入和子辈健康的相关系数，$r_{occ_s y_i^f}$ 为父辈收入和子辈职业的相关系数。

在这样的分解方法下，首先得到子辈的受教育年限（edu_s）、子辈的健康状况（hea_s）以及子辈的职业状态（occ_s）对子辈收入的贡献率，然后再分别乘以父辈收入和子辈教育的相关系数（$r_{edu_s y_i^f}$）、父辈收入和子辈健康的相关系数（$r_{hea_s y_i^f}$）、父辈收入和子辈职业的相关系数（$r_{occ_s y_i^f}$），最后得到的 $\alpha_1 r_{edu_s y_i^f}$、$\alpha_2 r_{hea_s y_i^f}$ 和 $\alpha_3 r_{occ_s y_i^f}$ 就分别对应着子辈的教育水平、健康状况以及职业状态对代际收入传递的影响。

（二）基于持久性收入的代际收入传递机制分解方法

有关代际收入传递机制的最新研究认为仅仅将各个变量取均值，并不能有效地处理样本选择性偏误问题，所得到的代际收入传递机制存在着偏误。因此，学者们提出可以用父辈和子辈的持久性收入的预测值来代替数据中可以观察到的父辈和子辈的当期收入，这样可以更为准确地估计出父辈收入对子辈收入的影响。具体的，父辈的持久性收入的预测值通过父辈可以观察到的各年份的收入的均值为因变量，以父辈各年平均的人力资本和社会资本作为自变量[①]，通过多元线性回归得到，子辈的持久收入的预测值的估算方法也类似。在估计出父辈与子辈的持久性收入的预测值后，再将父辈和子辈的持久性收入的预测值代入模型中进行代际收入传递机制的分析。

模型的具体形式如下：

$$Y_i^f=Edu_i^f\gamma_e^f+Hea_i^f\gamma_h^f+Occ_i^f\gamma_o^f+e_i \tag{4.6}$$

$$Y_i^c=Edu_i^c\gamma_e^c+Hea_i^c\gamma_h^c+Occ_i^c\gamma_o^c+\varepsilon_i \tag{4.7}$$

其中，Edu_i^f 和 Edu_i^c 分别表示父辈和子辈的受教育年限，而 Hea_i^f 和 Hea_i^c 分别表示父辈和子辈的健康状况，这两个变量用来衡量父辈和子辈的人力资本，同样的，模型中 Occ_i^f 和 Occ_i^c 分别用来表示父辈和子辈的职业状况，Y_i^f 和 Y_i^c 是父辈和子辈各年份收入的均值。在对式（4.6）和式（4.7）进行回归后，再通过 OLS 方法就可以得到父辈和子辈持久性收入的预测值 $\hat{Y}_i^f$ 和 $\hat{Y}_i^c$。因此，在获得父辈和子辈持久性收入的情况下，代际收入弹性 β_1 可以通过以下的方程来估计：

① 在本书中，父辈和子辈的收入、人力资本和社会资本情况是通过作者对 1989 年、1991 年、1993 年、1997 年、2000 年、2004 年、2006 年各年相对应的数值取平均值而得到的。

$$\hat{Y}_i^c=\alpha+\beta_1\hat{Y}_i^f+e_i \quad (4.8)$$

结合上述式（4.6）、式（4.7），代际收入弹性 β_1 可以被表示为：

$$\beta_1=\frac{\mathrm{COV}(\hat{Y}_i^c,\ Edu_i^f\gamma_e^f+Hea_i^f\gamma_h^f+Occ_i^f\gamma_o^f)}{\mathrm{V}(Edu_i^f\gamma_e^f+Hea_i^f\gamma_h^f+Occ_i^f\gamma_o^f)} \quad (4.9)$$

在此基础上，β_1 可以进一步被分解为 12 个部分：

$$\begin{aligned}\beta_1=&\frac{1}{V(Edu_i^f\gamma_e^f+Hea_i^f\gamma_h^f+Occ_i^f\gamma_o^f)}\times[\gamma_e^c\operatorname{cov}(Edu_i^c,Edu_i^f)\gamma_e^f\\&+\gamma_e^c\operatorname{cov}(Edu_i^c,Hea_i^f)\gamma_h^f+\gamma_e^c\operatorname{cov}(Edu_i^c,Occ_i^f)\gamma_o^f+\gamma_h^c\operatorname{cov}(Hea_i^c,Hea_i^f)\gamma_h^f\\&+\gamma_h^c\operatorname{cov}(Hea_i^c,Edu_i^f)\gamma_e^f+\gamma_h^c\operatorname{cov}(Hea_i^c,Occ_i^f)\gamma_o^f+\gamma_o^c\operatorname{cov}(Occ_i^c,OCC_i^f)\gamma_o^f\\&+\gamma_o^c\operatorname{cov}(Occ_i^c,Hea_i^f)\gamma_h^f+\gamma_o^c\operatorname{cov}(Occ_i^c,Edu_i^f)\gamma_e^f+\operatorname{cov}(v_i^c,Edu_i^f)\gamma_e^f\\&+\operatorname{cov}(v_i^c,Occ_i^f)\gamma_o^f+\operatorname{cov}(v_i^c,Hea_i^f)\gamma_h^f]\end{aligned} \quad (4.10)$$

根据上述分解方法，代际收入的传递可以通过父辈的职业对于子辈职业、受教育程度、健康以及其他影响子辈收入的因素的影响，父辈的受教育程度对子辈受教育程度、健康、职业以及其他影响子辈收入的因素的影响，父辈的健康对于子辈的健康、受教育程度、职业以及其他影响子辈收入的因素的影响等 12 条路径得以实现。通过这样的分解方法，最后得到的人力资本对代际收入传递机制的总影响程度应该是父辈的人力资本对子辈的受教育程度、健康、社会资本、其他影响子辈收入的影响路径之和；社会资本对代际收入传递机制的总影响程度应该是父辈的社会资本对子辈的受教育程度、健康、社会资本、其他影响子辈收入的影响路径之和。

（三）两种代际收入传递分解方法的比较

在第一种分解方法中，各种因素对代际收入传递的影响是通过父辈收入对子辈人力资本和社会资本的影响以及子辈的人力资本和社会资本对子辈收入的影响而实现的，而且这种分解方法用父辈收入和子辈人力资本、社会资本的相关系数来代替父辈收入对子辈人力资本和社会资本的影响，一方面过于简单，另一方面也无法反映出父辈的人力资本和社会资本到底是怎样对子辈的人力资本和社会资本产生影响的，同时有可能使得人力资本和社会资本对代际收入弹性的贡献率估计不准确，代际收入的传递机制仍然是一个“黑匣子”（见图 4-1）。

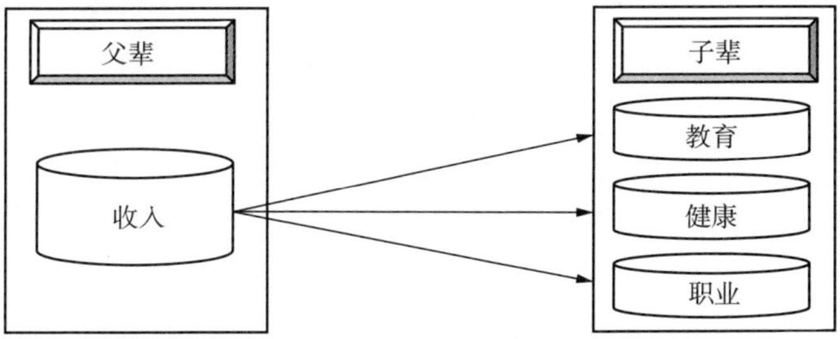

图 4-1　基于样本平均值的代际收入传递分解方法

而第二种分解方法打开了“黑匣子”，通过引入父辈的人力资本和社会资本，分别估计父辈的人力资本和社会资本对子辈的人力资本和社会资本的直接和间接影响，从而可以从多个方面全面地衡量出父辈的人力资本和社会资本对子辈的收入的影响，这对于理解代际收入传递具有很重要的意义（见图 4-2）。

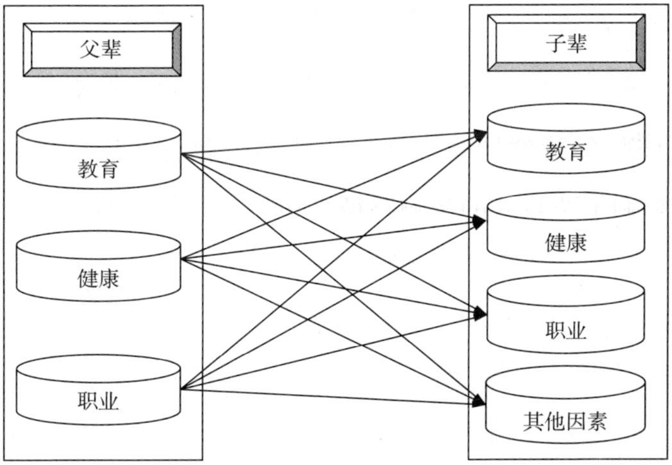

图 4-2　基于持久性收入的代际收入传递分解方法

第四节　城乡居民代际收入传递性样本描述性统计分析

一、主要变量的统计分析

在对代际收入传递机制进行分析之前，有必要先对样本的基本情况做一个简单的描述性统计分析。表 4–2 显示了全体样本中父辈与子辈的平均收入、平均受教育年限、平均健康水平、平均职业分布等变量的特征，并且还列出了我国农村地区和城镇地区、东部、中部和西部地区、父辈较高收入群体和较低收入群体的相对应的各变量的特征。

从表 4–2 中，笔者可以看出，全体样本中父辈的平均收入为 5482.67 元，子辈的平均收入是 6749.03 元。城镇的平均收入，无论是父辈还是子辈，都显著地高于农村地区；东部地区的平均收入也显著地高于中部和西部地区。在平均受教育年限上，所有样本中父辈的平均受教育年限是 4.51 年，子辈的平均受教育年限为 7.44 年，相对于父辈而言，子辈的教育人力资本得到很大的提高，而且和收入水平一样，在受教育年限上，无论是父辈还是子辈，城镇地区都显著地高于农村地区，东部地区显著地高于中部和西部地区，同时高收入群体也显著地高于低收入群体。

对于健康状况，从自评健康这一衡量指标可以看出，父辈的自评健康在任何样本之间都显著地低于子辈的自评健康，可能的原因在于年纪较大的父辈容易低估自身的健康状况，在进行自我健康评价时，倾向于对自身的健康状况赋予较低的值；而从 BMI 指数来看，就全体样本而言，父辈和子辈的平均 BMI 指数差不多，都在 22 左右，城镇略高于农村；东部略高于中部和西部，较高收入群体略高于较低收入群体。

表 4-2　主要变量的描述统计

	父辈				子辈				样本量
	收入	教育	自评健康	BMI	收入	教育	自评健康	BMI	
全体	5482.67	4.51	0.42	22.03	6749.03	7.44	0.72	21.95	298
城镇	8286.69	4.56	0.50	22.73	9591.11	8.52	0.73	22.29	96
农村	4150.07	4.50	0.40	22.03	5398.34	7.26	0.72	21.33	202
东部	6844.86	5.21	0.49	23.20	9831.79	8.28	0.80	22.73	96
中部	5283.73	4.38	0.44	22.52	5199.77	7.36	0.79	22.98	84
西部	4516.06	4.02	0.35	22.32	5343.87	6.86	0.61	21.42	118
高收入	8207.06	5.01	0.47	22.85	8932.38	8.07	0.74	22.71	149
低收入	2695.3	4.01	0.36	22.41	4565.67	6.81	0.70	21.63	149

资料来源：本书根据 CHNS 数据计算而得。

二、父辈收入和子辈人力资本和社会资本相关系数

通过父辈收入与子辈人力资本和社会资本的相关系数情况，笔者可以初步了解父辈的收入对子辈人力资本和社会资本的影响。父辈的收入和子辈人力资本和社会资本的相关系数如表 4-3 所示。从表中可以看出，在所有变量中，自评健康这种度量健康人力资本的方式和父辈的收入之间的相关性很小，因此笔者在下文的代际收入传递分解机制中直接以 BMI 指数来衡量个体的健康人力资本，而不再使用自评健康状况。

从全体样本来看，父辈的收入和子辈社会资本的相关系数最大，其次是与受教育年限的相关系数，与 BMI 指数的相关性最小，这在一

定程度上反映出父辈和子辈之间代际收入传递的机制可能主要是依靠社会资本的传递而发生的。当然，相关系数仅仅给出了最基本的判断，需要更加严谨的实证分析来进一步地验证这一判断。

和全体样本一样，无论是对于农村居民还是城镇居民，父辈的收入和子辈社会资本的相关系数也是最高，与教育的相关程度其次，与BMI的相关性最弱。但不同于城镇地区的是，农村地区中父辈的收入和子辈健康之间的相关性高于城镇地区，这表明我国农村地区子辈的健康水平更容易受到父辈收入的影响。但是另一方面，城镇地区父辈的收入和子辈受教育水平以及子辈社会资本的相关性高于农村地区。

表 4–3 父辈收入和子辈人力资本和社会资本相关系数表

	受教育年限	自评健康	BMI	社会资本
全体样本	0.298	0.0521	0.152	0.446
农村	0.312	0.0354	0.254	0.382
城镇	0.397	–0.0011	0.196	0.575
东部	0.558	0.0029	0.201	0.422
中部	0.396	–0.1345	0.218	0.469
西部	0.324	0.0237	0.225	0.497
高收入	0.375	0.047	0.216	0.481
低收入	0.297	–0.0333	0.257	0.397

资料来源：本书根据 CHNS 数据计算而得。

从我国东部、中部和西部地区来看，在我国中部和西部地区，社会资本仍然是和父辈收入相关性最大的变量，其次为教育水平，再次为BMI指数，这和全体样本的表现趋势一致，但是在东部地区，父辈收入和教育水平的相关系数最大。另外，以按照父辈收入划分的高低收入群体的相关系数来看，较高收入群体的父辈对子辈的社会资本和教育的影响高于较低收入群体的父辈，但是较低收入群体的父辈对子辈的健康的影响高于较高收入群体的父辈。这些简单的相关系数都说明了对于我国不同区域、不同收入群体的居民而言，代际收入传递的机制可能存在差异，因此在分析代际收入传递机制时应该对样本进行划分，这样才能反映出代际收入传递对于不同区域、不同收入群体的影响机制。

第五节　居民代际收入传递机制的回归结果分析

为了更好地对代际收入传递机制进行分解，本节根据式（4.8）采用持久性收入法对代际收入弹性进行了测算，测算结果见表 4–4 最后一行。正如索伦（1992）、比约克伦和詹蒂（1997）所指出的，用持久性收入进行代际收入弹性的测算，可能会导致估计结果的向上偏误。

利用公式（4.10），本书在测算了居民代际收入弹性的基础上，对我国居民代际收入的传递路径进行了具体的分解，分解的结果如表 4–4 所示。下面本书将分样本进行阐述。

表 4–4　代际收入传递机制分解结果

传递路径	全体	农村	城镇	东部	中部	西部	高收入	低收入
Edu_f~Edu_c	0.0752	0.0783	0.0987	0.1084	0.0807	0.0505	0.0290	0.0545
百分比	12.56%	14.42%	15.60%	18.02%	15.41%	14.31%	4.86%	12.58%
Edu_f~Hea_c	0.0427	0.0414	0.0539	0.0572	0.0441	0.0276	0.0159	0.0309
百分比	7.13%	7.63%	8.52%	9.52%	8.43%	7.83%	2.67%	7.13%
Edu_f~Occ_c	0.0916	0.0946	0.1178	0.1308	0.0937	0.0588	0.0361	0.0668
百分比	15.30%	17.42%	18.62%	21.76%	17.89%	16.66%	6.05%	15.42%
Edu_f~Res_c	0.0110	0.0080	0.0103	0.0126	0.0062	0.0086	0.0042	0.0075
百分比	1.84%	1.47%	1.62%	2.09%	1.18%	2.45%	0.71%	1.73%

续表

传递路径	全体	农村	城镇	东部	中部	西部	高收入	低收入
Hea_f~Hea_c	0.0321	0.0650	0.0123	0.0084	0.0165	0.0118	0.0142	0.0312
百分比	5.36%	11.97%	1.95%	1.40%	3.16%	3.35%	2.39%	7.20%
Hea_f~Edu_c	0.0183	0.0113	0.0025	0.0025	0.0043	0.0025	0.0044	0.0040
百分比	3.06%	2.09%	0.40%	0.42%	0.83%	0.71%	0.74%	0.92%
Hea_f~Occ_c	0.0102	0.0101	0.0037	0.0024	0.0045	0.0032	0.0051	0.0051
百分比	1.70%	1.86%	0.59%	0.40%	0.85%	0.91%	0.86%	1.17%
Hea_f~Res_c	0.0069	0.0031	0.0024	0.0043	0.0030	0.0014	0.0064	0.0010
百分比	1.15%	0.57%	0.38%	0.71%	0.57%	0.40%	1.08%	0.22%
Occ_f~Occ_c	0.1756	0.1224	0.2348	0.1538	0.1708	0.1336	0.3843	0.1285
百分比	29.34%	22.54%	37.10%	25.57%	32.62%	37.87%	64.46%	29.68%
Occ_f~Hea_c	0.0243	0.0192	0.0230	0.0216	0.0226	0.0136	0.0175	0.0225
百分比	4.06%	3.54%	3.63%	3.59%	4.32%	3.86%	2.94%	5.19%
Occ_f~Edu_c	0.0753	0.0585	0.0685	0.0614	0.0687	0.0380	0.0658	0.0612
百分比	12.58%	10.78%	10.82%	10.21%	13.12%	10.76%	11.03%	14.14%
Occ_f~Res_c	0.0354	0.0311	0.0049	0.0379	0.0084	0.0031	0.0132	0.0199
百分比	5.91%	5.72%	0.77%	6.31%	1.60%	0.88%	2.22%	4.59%
Edu_f 之和	0.2205	0.2223	0.2808	0.3090	0.2247	0.1455	0.0852	0.1596
百分比	36.84%	40.93%	44.36%	51.39%	42.91%	41.25%	14.29%	36.87%
Hea_f 之和	0.0675	0.0895	0.0210	0.0176	0.0283	0.0189	0.0302	0.0412
百分比	11.28%	16.48%	3.32%	2.93%	5.40%	5.34%	5.07%	9.52%
Occ_f 之和	0.3106	0.2313	0.3311	0.2747	0.2705	0.1883	0.4808	0.2321
百分比	51.89%	42.59%	52.32%	45.68%	51.66%	53.39%	80.64%	53.61%
三者之和	0.5986	0.5431	0.6329	0.6013	0.5236	0.3527	0.5962	0.4329

注：①表中每一列第一行表示相应的传递路径对代际收入传递的贡献率大小，第二行表示相应的传递路径占所有传递路径的贡献率的比重，用来反映此种传递路径的重要性大小。② Edu_f~Edu_c 表示父辈的教育对子辈的教育的影响；Edu_f~Occ_c 表示父辈的教育对子辈的职业的影响；Edu_f~Hea_c 表示父辈的教育对子辈的健康的影响；Edu_f~Res_c 表示父辈的教育对影响子辈收入的其他因素的影响；Edu_f 之和表示父辈的教育对子辈的教育、健康和职业的影响之和。③ Hea_f~Edu_c 表示父辈的健康对子辈的教育的影响；Hea_f~Occ_c 表示父辈的健康对子辈的职业的影响；Hea_f~Hea_c 表示父辈的健康对子辈的健康的影响；

Hea_f~Res_c 表示父辈的健康对影响子辈收入的其他因素的影响；Hea_f 之和表示父辈的健康对子辈的教育、健康和职业的影响之和。④ Occ_f~Edu_c 表示父辈的职业对子辈的教育的影响；Occ_f~Occ_c 表示父辈的职业对子辈的职业的影响；Occ_f~Hea_c 表示父辈的职业对子辈的健康的影响；Occ_f~Res_c 表示父辈的职业对影响子辈收入的其他因素的影响；Occ_f 之和表示父辈的职业对子辈的教育、健康和职业的影响之和。⑤三者之和表示父辈的教育、职业和健康对子辈的教育、健康和职业的影响之和。

资料来源：本书根据 CHNS 数据计算而得。

一、全体样本的代际收入传递机制情况

对于全体样本而言，代际收入的传递主要是通过社会资本这一路径，其次为教育投资，而影响程度最小的是健康投资。平均而言，社会资本解释了代际收入弹性的 0.3106，占这三种作用机制的一半多（51.89%），而教育水平和健康状况这两个表示人力资本的变量对代际收入弹性的贡献率分别是 0.2205 和 0.0675（见图 4-3）。这可能的原因在于：在我国，居民的收入主要来源于自身的工资性收入，工作职业和工资收入很大程度上决定了居民的总体收入的高低。[①] 而现阶段在不完善的劳动力市场体制下，以社会关系网络为主要形式的社会资本是目前我国居民职业获得的重要渠道。社会资本是一个最强大、最稳定的网络体系，它可以渗透到行政权力之中，也可以渗透到市场交易中，给予人们在正规渠道无法得到的资源。中国又是一个关系本位的社会，地缘、亲缘、业缘等社会资本的表现形式

① 据 2019 年《社会蓝皮书》显示，2017 年全国居民人均工资性收入为 14620.3 元，比 2013 年增长 40.4%，年均名义增长 8.9%，对可支配收入增长的贡献率为 54.9%，工资性收入占可支配收入的比重为 56.3%，仍是居民收入增长的主要来源。其中，城镇居民人均工资性收入年均增长 7.5%，工资性收入占可支配收入的比重每年都在 61% 左右，工资性收入对收入增长的贡献率为 56.2%；农村居民人均工资性收入年均增长 10.8%，工资性收入占可支配收入的比重每年都在 40% 左右，工资性收入对可支配收入增长的贡献率为 46.1%。资料来源：中国社会形势分析与预测：《工资性收入仍是居民收入增长的主要来源》，中国皮书网，2019 年 7 月 11 日，见 https://www.pishu.cn/psgd/528269.shtml。

在支持和帮助我国居民获得职业和获取职业收入的过程中起着极其重要的作用。

关于社会资本对我国居民就业的影响，很多学者给予了关注和研究。如学者边燕杰（1999）分别于1988年和1994年对我国天津900多名和新加坡8个行业的500多名从业者的就业求职的调查显示：在我国天津的900多名从业者中，约有45%的人在城镇的第一份工作是通过亲属和朋友的关系而得到的，并且这其中70%以上得到工作的人与最终提供帮助的人的关系都是“熟极了”或“很熟”。新加坡也呈现出这样的现象，大约70%的新加坡就业者都是通过亲属、朋友、相识等非正式渠道收集就业信息或取得亲友帮助而获得和变换工作的。学者赵延东（2002）对我国下岗工人再就业的情况进行了调查，研究显示，社会资本最丰富的下岗职工获得再就业的可能性比社会资本最贫乏的职工高出近4倍，在求职过程中使用过社会网络途径的职工与没有使用过社会网络途径的职工相比，获得再就业的概率高出约1.6倍。这些研究无不显示出在我国社会资本对于居民就业机会和就业收入的重要影响。当然，国外的劳动者在就业的过程中，社会资本也起着一定的作用，如美国学者格拉诺维特在1973年对波士顿郊区的牛顿镇的调查发现，57%的牛顿镇居民在职业变动中是通过亲属和社会关系这种非正式的渠道了解职业信息，而不是通过正式市场渠道来获取求职信息的。对于类似美国这样的发达国家而言，其社会资本主要是由亲属以外的朋友所构成的“弱关系”社会资本网组成，职业的获得也主要是通过大范围、广群体的“弱关系”社会资本网提供更多异质性信息，从而获得较好工作和更高收入的职业；而在中国，社会资本关系网络主要以亲友和朋友两类强关系组成。通常而言，若父辈为高收入群体，其获得的社会资本等关系网络也主要集中在高收入群体中，其子女在这一关系网络中成长，或多或少地继承了这种网络关系，更易于进入高收入行业工作。因此，表现出我国代际收入传递路径中社会资本的作用最大。

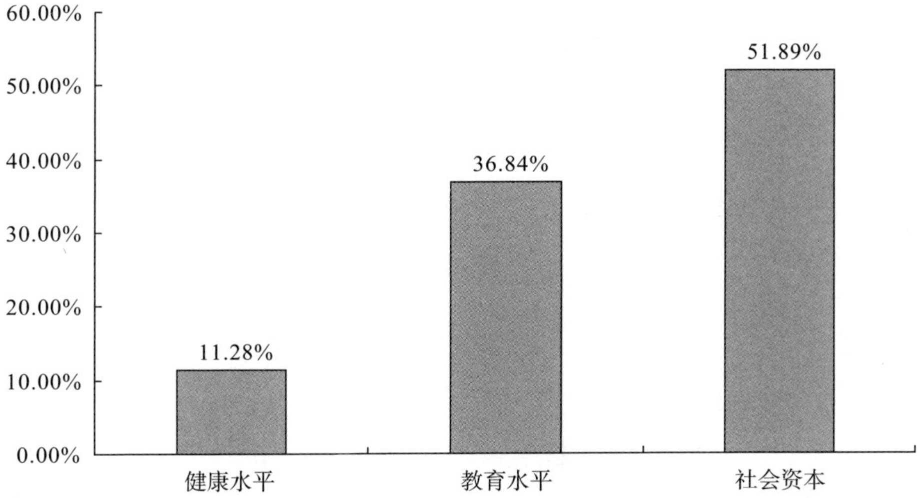

图 4-3　三种代际收入传递路径各自总贡献率

具体的，对于社会资本这一作用机制，其对代际收入传递的主要影响途径是通过影响子辈的社会资本而发生的，其次为对子辈教育的影响，对子辈的健康状况影响较弱；对于教育水平这一作用机制，其对代际收入传递的主要影响途径是对子辈的社会资本的影响，其次为对子辈的教育水平的影响，对子辈的健康状况的影响较弱；在健康水平这一作用机制上，其对代际收入传递的影响机制主要是通过影响子辈的健康水平而发生的，这说明父辈和子辈的健康水平存在着很高的遗传性，父辈的健康对子辈的影响其次表现为对子辈教育水平的影响（见图 4-4）。因此从父辈的社会资本和人力资本与子辈的社会资本和人力资本之间的直接和间接的作用机制来看，如果研究仅仅考虑到了父辈的社会资本和人力资本与子辈的社会资本和人力资本之间的直接影响，会低估人力资本和社会资本对代际收入弹性的贡献，这也在一定程度上验证了本书采用基于持久性收入的代际收入传递分解方法更能清楚地分析代际收入传递的路径。

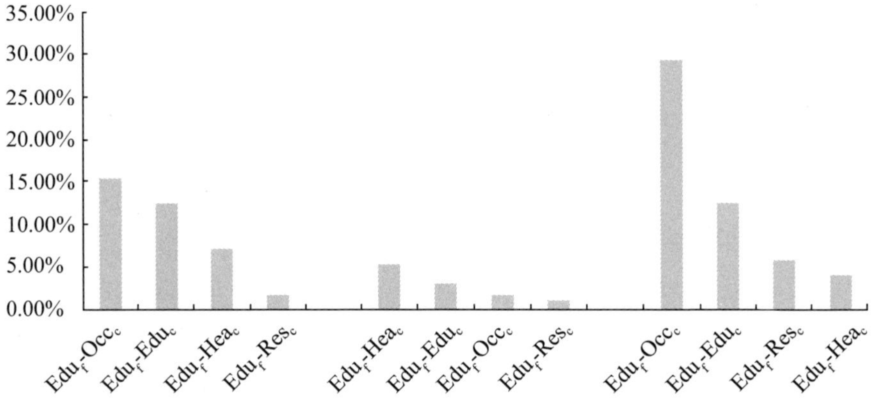

图 4–4 三种代际收入传递路径各自分贡献率

二、城乡代际收入传递路径的比较分析

和全体样本一样，不管是在农村地区还是城镇地区，社会资本都是其代际收入传递的主要途径，教育其次，健康的贡献率最弱，这说明我国居民的代际收入传递机制相对较稳定，不同群体的代际收入传递机制之间只存在着影响程度的差异。

和农村地区相比，社会资本对城镇地区的代际收入传递的贡献率更大，这可能的原因是：城镇地区父辈的社会资本可以给子辈带来更多的货币收入，“关系”的回报率更高，通过“关系”的传递，城镇地区的父辈收入对子辈的影响更大。同时，代际收入传递路径的分解结果显示，教育对城镇地区居民的代际收入传递的贡献率略高于农村地区。

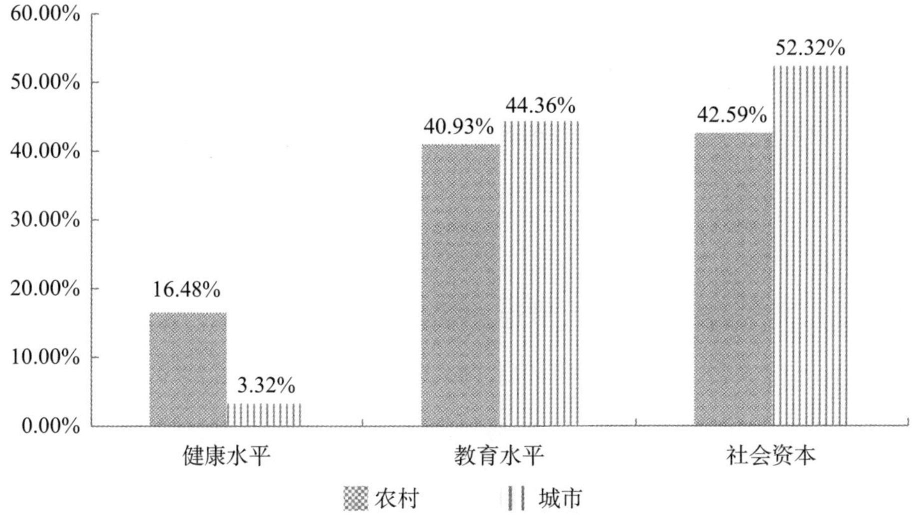

图 4-5　农村地区、城镇地区代际收入传递路径的比较

但是，另一方面回归结果还显示：农村地区代际收入传递中健康的贡献率远远高于城镇地区，这可能存在着两方面的原因：一方面，不管是在农村地区还是城镇地区，由于遗传以及其他因素，父辈的健康状况会对子辈的健康状况造成一定的影响，从而影响子辈的劳动生产率进而对子辈所能获得的收入造成影响。但是在农村地区，由于农业劳动的特殊性及劳动环境的艰苦性决定了健康的身体是第一位的生产要素（封进，2007）。在相同的健康遗传系数下，农村地区个体的健康水平更大程度地影响其农业生产率，进而影响其收入，因而表现出农村地区父辈的健康对子辈的收入的贡献率要高于城镇地区，健康对代际收入传递的影响更大。另一方面，父辈的健康也会通过对子辈的教育造成影响。在我国农村地区，孩子（特别是男孩）很多时候都是作为家庭的主要劳动力，如果父亲健康状况不好，那么孩子就需要充当父亲劳动的替代者以维持家庭的收入来源，在时间和收入的约束下，父辈较差的健康状况会降低孩子的受教育水平，进一步加强农村地区健康对代际收入传递的影响，而在城镇地区，子辈的教育水平受父辈的健康的影响则相对较小，从而表现出农村地区代际收入传递中健康的贡献率高于城镇地区。

三、分区域代际收入传递路径的比较分析

中部地区和西部地区的代际收入传递路径的贡献率特征基本上和全体样本的特征一致，贡献率最高的是社会资本，其次为教育水平，再次为健康水平。然而对于东部地区而言，对代际收入传递的贡献率最高的是教育水平，其次才是社会资本，而且东部地区中社会资本对代际收入传递的贡献低于中部和西部地区，可能的原因在于东部地区的市场化程度较高，“关系”的回报率更低，而相比之下，中西部地区正处于经济体制深化改革和社会结构加速转型的进程之中，传统制度和体制框架被打破的同时，各个社会群体之间的社会流动性和收入流动性机制尚未完全建立，导致了社会群体的加速分化和群体间利益关系的扭曲，社会资本的回报率较高。另外，回归结果也显示出东部地区教育对代际收入传递的贡献高于中部和西部地区，可能的解释是：在我国东部地区，教育的回报率高于中部和西部地区，在相同的教育投资水平下，东部地区的教育回报率更高，从而提高了东部地区教育对父辈和子辈之间的代际收入传递的影响力度，表现出在东部地区教育对代际收入传递的影响更大。

和东部地区相比，西部和中部地区健康的贡献率更大，可能的原因在于西部和中部地区以农业人口为主，农业生产活动对劳动者的健康要求更高，因而健康水平对中部和西部地区的代际收入传递的影响更大。

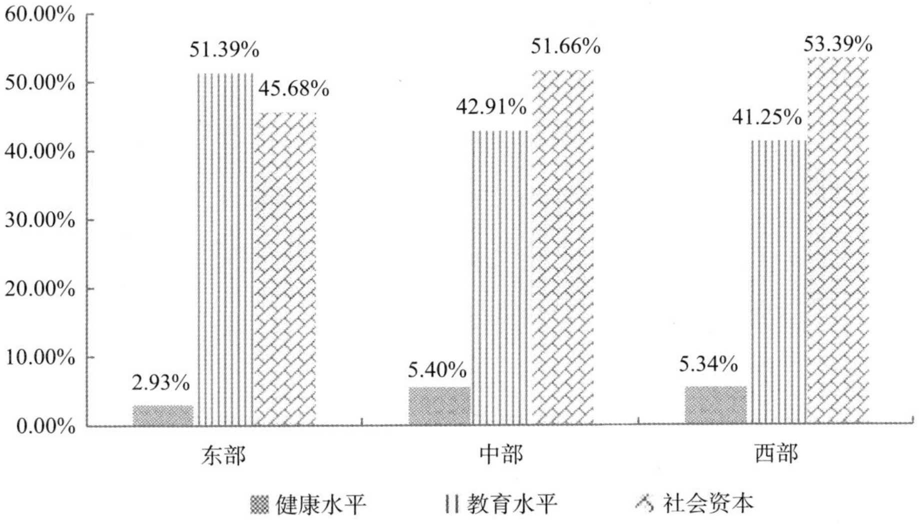

图 4-6　东部地区、中部地区、西部地区代际收入传递路径的比较

四、分收入代际收入传递路径的比较分析

和全体样本一样，不管是对于较高收入群体还是较低收入群体，社会资本都是其代际收入传递的主要途径，教育其次，健康的贡献率最弱。但是和较低收入群体相比，社会资本对较高收入群体的代际收入传递的影响的程度更大，这说明较高收入群体的社会资本回报率高于较低收入群体，这其中可能的原因在于高收入群体父辈的社会资本层次要大大高于低收入群体父辈的社会资本层次，子辈生活在不同层次的社会资本之中，将来寻找工作所能依靠的社会资本的层次也不一样。高收入群体父辈的社会资本关系网络往往是由职位较高、权限较大的人群组成，社会资本在帮助子辈谋取高收入的职位从而获得更高收入的过程中起着非常重要的作用，因而，表现出高收入群体父辈的社会资本对代际收入弹性的影响大于低收入群体的父辈。

回归结果也显示出：教育对较低收入群体的代际收入传递影响大

于较高收入群体。这可能的原因在于，父辈的收入越高，其对子辈的人力资本投资越多，根据要素边际报酬递减的规律，人力资本投资的边际产出也是递减的，所以人力资本投资越多，其投资效率越低，从而可能降低人力资本投资对于代际收入传递的贡献程度，最终表现为对于低收入群体而言，教育对代际收入传递的影响更大。另外，健康对于低收入群体的代际收入传递的影响也更大。

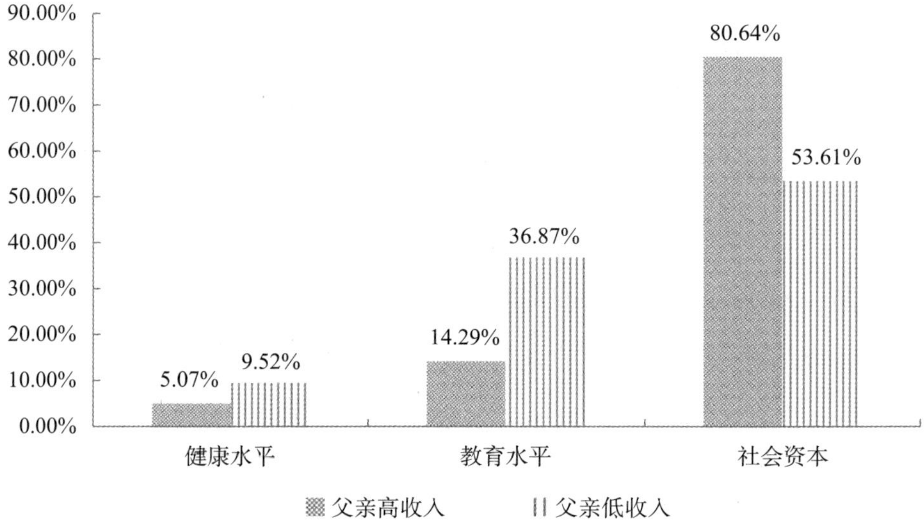

图 4-7 高收入父辈和低收入父辈的代际收入传递路径的比较

第六节 基于分位回归法的代际收入传递机制分析

上一节中本章从人力资本和社会资本的角度对我国居民代际收入的传递机制进行了研究，这种线性回归方法得到的是各种因素对代际收入传递的“平均”贡献率，但是从父辈开始对子辈的人力资本和社会资本进行投资到子辈的人力资本和社会资本在劳动力市场上得到经济回报，是一个很漫长的过程，子辈的能力不同、工作场所不同、所处的劳动力市场不同以及雇主方面的客观原因都会使得父辈对子辈的相同的人力资本和社会资本的投资回报率不一样，所以笔者有理由相信父辈相同的人力资本投资和社会资本禀赋给不同收入群体的子辈带来的回报率是不同的。因此这一节的目的就是在上一节使用多元线性回归方法得到的各种因素对代际收入传递机制的“平均”贡献率的基础上，进一步采用分位回归方法分析各种因素对不同收入分位组群的代际收入传递机制的“分位”贡献率，这在一定程度上有助于了解不同收入群体的代际收入传递机制存在着哪些差异，为代际收入的传递机制提供了更深层次、更细致的实证检验。

一、分位回归法基本介绍

分位回归方法（Quantile Regression）最早是由科恩克和巴塞特（Koenker & Bassett，1978）引入经济学分析中的，并逐渐获得了越来越广泛的应用。与线性回归方法不同的是，分位回归方法可以刻画出因变量的不同条件分布。

线性回归方法的估计量是建立在各个变量取均值的基础上回归得到的，其基本假定是各个估计参数在整个样本区间内是相同的，并且误差项的分布特征也完全相同。因此在这样的假设下，线性回归方法只可以得到各个估计参数以及预测值的平均水平。线性回归方法另外一个暗含的假设是变量的不同条件分布上各外生变量对因变量影响的可能差异是不重要的。然而，这样的假设很可能是不适当的。如果外生变量影响的是因变量条件分布的参数而不是平均值，那么无视这种可能性的分析将是很难站住脚的。对于某些自变量来说，其回归参数在不同的人群组中可能是不一样的（李晓华，2007）。例如，人力资本和社会资本等因素对代际收入传递的贡献率在各个收入水平上未必相同。用线性回归方法来估计代际收入传递的路径，仅仅能得到子辈收入分布平均值这一点上的情况，而不能揭示出影响代际收入传递的不同因素对收入分布“形状”（不同收入分位组群）的影响。

由此引出的一个问题是，正如上一部分的分析框架所表明的，笔者关心的不仅仅是各种因素对代际收入传递机制的“平均”贡献率，笔者更加想知道的是不同收入分位组群的代际收入传递机制的“分位”贡献率是否存在着差异。目前很多研究对类似这样问题的解决方法是通过将研究所关心的变量直接进行不同等级的划分，比如，可以将子辈的收入进行排序，然后对不同收入组的子辈单独进行分析，这种处理方法目前较为常用，但是也存在着明显的缺陷：第一，这种直接对样本进行划分的处理方法，在回归时只用到了划分后的一小部分样本，而在小样本的情况下无法得到适宜的回归结果，这种分析方法会受到数据的严重制约，并不适合所有的研究；第二，由于划分标准是以因变量为基础的，这会导致因变量的分布被截断，从而造成截断样本偏误问题。

那么，怎样才能知道处于不同收入分位的子辈所受到的代际收入传递机制的影响是否存在着差异呢？本书使用了分位回归的方法。直观上讲，分位回归估计的是处于条件分布的某个分位点的样本如何受到各个变量的影响。通过分位回归法可以得到各种因素对不同收入分位组群的代际收入传递机制的“分位”贡献率，这在一定程度上有助于了解不同收入群体的代际收入传递机制存在着哪些差异，可以有效地避免直接对样本划分的处理方法所产生的问题。

与线性回归一样，分位回归法考察的也是因变量 y 在给定自变量

x 的基础上的条件分布，不一样的是，线性回归中假定条件分布的均值是 x 的线性函数，试图拟合一个条件期望的线性方程，而分位回归法中假定条件分布的 p 分位数是 x 的线性函数，来构造 p 分位回归，比如如果笔者考虑的是 y 的条件中位数，并且假定 y 的条件中位数是 x 的线性函数，这就是中位数回归，也叫作 50%分位回归。分位回归是对中位数回归的拓展。中位数回归的基本想法是这样的：如果绝对离差为距离的话，中位数是距离数据最近的点，即中位数最小化绝对离差之和（Least Absolute Distance，LAD）。中位数线性回归的参数就是向量 β，它使得下面式子最小化（邢春冰，2007）：

$$\sum_{i=n}^{n}|y_i-\hat{X}_i\beta|=\sum_{i=n}^{n}(0.5-1(y_i \leqslant \hat{X}_i\beta)(y_i-\hat{X}_i\beta) \tag{4.11}$$

一般来说，对于任何一个 p 分位回归的参数估计而言，都可以采用最小化式（4.11）的方程而得到：

$$\hat{\beta}=\arg\min\sum_{i=n}^{n}(\rho-1(y_i \leqslant \hat{X}_i\beta)(y_i-\hat{X}_i\beta) \tag{4.12}$$

基于上面的分析可以看出，分位回归有以下几个优点：首先，分位回归法可以对不同的分位数进行回归，从而可以考察不同条件分布位置的影响因素。对于本书而言，在给定父辈和子辈之间的代际人力资本和社会资本的传递水平下，子辈的收入分布反映了其他没有被观察到的特征，而这些特征在一定程度上与父辈和子辈之间的代际传递存在着互补性（比如家庭的习惯和性格的形成等等），因此笔者没有足够的理由要求代际收入弹性在子辈收入的不同分位下是一样的，分位回归法正好可以对子辈的不同收入分布的不同位置进行分析。其次，通过分位回归，笔者还可以考察模型是否存在异方差问题。[①] 再次，

① 如果条件分布的形状随着解释变量的变化而变化的话，不同分位点的分位回归的系数也将不同。

分位回归法不会受到数据单调变换的影响，例如对因变量做取对数处理，并不会影响分位回归法的结果。最后，正如同中位数对异常值的敏感程度小于均值一样，分位数对于异常值的敏感程度也远远小于均值。分位回归法只受到变量是否存在异常值的影响，而与异常值的具体位置无关。而在线性回归的稳健估计中，现有的计量方法通常是通过对异常值赋以较小的权重的方式来处理异常值。具体而言，如果当次回归得到的残差较大，则在下一次的回归中就赋予较小的权重，不断重复这样的步骤至收敛。这样的回归方法需要估计残差的范围以便识别出异常值，但是前者的估计对于异方差又比较敏感。而分位回归则不存在这样的问题。因此，分位回归法的稳健性好于线性回归法（邢春冰，2007）。

二、代际收入传递机制分位回归模型设定

为了得到各种因素对不同收入分位组群的代际收入传递机制的“分位”贡献率，本节拟用分位回归对代际收入传递机制模型，即式（4.8）进行重新估计，具体的代际收入弹性分解的分位回归模型如下：

$$Quant_{\theta}(\frac{\hat{Y}_i^c}{\hat{Y}_i^f}) = \beta_1^{\theta}\hat{Y}_i^f + e_i \tag{4.13}$$

其中，$Quant_{\theta}(\frac{\hat{Y}_i^c}{\hat{Y}_i^f})$表示给定$\hat{Y}_i^f$的情况下，$\hat{Y}_i^c$的第$\theta$个条件分位点（Conditional Quantile）；β_1^{θ}为分位回归的估计系数，可以通过LAD来实现（李晓华，2007），即：

$$\beta_1^{\theta}=\arg\min\left\{\theta\times\sum_{\hat{Y}_i^c\geqslant\beta_1^{\theta}\hat{Y}_i^f}\left[\hat{Y}_i^c-\beta_1^{\theta}\hat{Y}_i^f\right]-(1-\theta)\times\sum_{\hat{Y}_i^c<\beta_1^{\theta}\hat{Y}_i^f}\left[\hat{Y}_i^c-\beta_1^{\theta}\hat{Y}_i^f\right]\right\} \tag{4.14}$$

其中，$0<\theta<1$，为所考虑的分位点。定义指标函数如下：

$$I=\begin{cases}1 & 如果\ \hat{Y}_i^c < \beta_1^\theta \hat{Y}_i^f \\ 0 & 如果\ \hat{Y}_i^c \geqslant \beta_1^\theta \hat{Y}_i^f\end{cases} \quad (4.15)$$

由最小化的一阶条件可知，β_1^θ 为满足 $\sum_w \hat{Y}_i^f(\theta-I)=0$ 的解。

三、实证结果分析

本小节先阐述不同收入群体代际收入传递机制的差异，以揭示出社会资本和人力资本对不同收入分位组群的代际收入传递的影响机制的差异，在此基础上进一步分析不同收入群体代际收入传递的总体差异程度。

（一）全体样本的代际收入传递机制分位回归法结果

表 4–5 的回归结果显示，对处于任何收入分位组群的子辈而言，社会资本都是其代际收入传递的主要途径，教育其次，健康的贡献率最弱。但是和处在最低收入分位组群的子辈相比，社会资本对较高收入群体子辈的代际收入传递的影响更大。平均而言，社会资本对最贫困的 10% 的群体的代际收入传递的影响仅为最富裕 10% 群体的 55.59%，这说明社会资本在较高收入子辈中的回报率高于较低收入子辈。教育对处在收入分位低端的子辈的代际收入传递的影响高于较高收入子辈。平均而言，教育对最贫困的 10% 的子辈的代际收入传递的影响是最富裕 10% 子辈的 2.04 倍。

另外，结果也显示出：健康对处在收入分位低端的子辈的代际收入传递的影响高于较高收入子辈。平均而言，健康对最贫困的 10% 的子辈的代际收入传递的影响是最富裕 10% 子辈的 8.23 倍。

表 4-5 不同收入群体代际收入传递机制差异

传递路径	全体	10%分位	25%分位	50%分位	75%分位	90%分位	10%分位/90%分位
Edu_f之和	0.2205	0.1949	0.2025	0.1757	0.1700	0.1461	—
百分比	36.84%	39.23%	38.26%	30.10%	25.29%	19.26%	2.0369
Hea_f之和	0.0675	0.0847	0.0444	0.0388	0.0358	0.0157	—
百分比	11.28%	17.04%	8.39%	6.64%	5.32%	2.07%	8.2314
Occ_f之和	0.3106	0.2173	0.2824	0.3692	0.4664	0.5969	—
百分比	51.89%	43.73%	53.35%	63.26%	69.39%	78.67%	0.5559
三者之和	0.5986	0.4969	0.5293	0.5836	0.6721	0.7587	—

注：①表中每一列第一行表示相应的传递路径对代际收入传递的贡献率大小，第二行表示相应的传递路径占所有传递路径的贡献率的比重，用来反映此种传递路径的重要性大小。② Edu_f之和表示父辈的教育对子辈的教育、健康和职业的影响之和；Hea_f之和表示父辈的健康对子辈的教育、健康和职业的影响之和；Occ_f之和表示父辈的职业对子辈的职业对子辈的教育、健康和职业的影响之和；三者之和表示父辈的教育、职业和健康对子辈的教育、健康和职业的影响之和。

（二）城乡不同收入分位代际收入传递路径的比较分析

表 4-6 和表 4-7 分别显示的是我国农村地区和城镇地区不同收入分位居民代际收入传递机制的差异。回归结果显示，和全体样本一样，不管是在农村地区还是城镇地区，对处于任何收入分位组群的子辈而言，社会资本都是其代际收入传递的主要途径，教育其次，健康的贡献率最弱。这说明我国居民的代际收入传递机制相对较稳定，不同区域、不同收入分位组群的代际收入传递机制之间只存在着影响程度的差异。

对农村地区而言，和处在最低收入分位组群的子辈相比，社会资本对较高收入群体子辈的代际收入传递的影响更大。平均而言，社会资本对最贫困的 10% 的群体的代际收入传递的影响仅为最富裕 10% 群体的 58.78%，这说明社会资本在较高收入子辈中的回报率高于较低收入子辈。教育对处在收入分位低端的子辈的代际收入传递的影响高于较高收入子辈。平均而言，教育对最贫困的 10% 子辈的代际收入传递的影响是最富裕 10% 子辈的 1.46 倍。另外，结果也显示出：健康对处在收入分位低端的子辈的代际收入传递的影响高于较高收入子辈。平均而言，健康对最贫困的 10% 的子辈的代际收入传递的影响是最富裕 10% 子辈的 9.57 倍。

表 4–6　农村地区不同收入群体代际收入传递机制差异

传递路径	全体	10% 分位	25% 分位	50% 分位	75% 分位	90% 分位	10% 分位 /90% 分位
Edu_f 之和	0.2223	0.1178	0.1683	0.1781	0.1933	0.1364	—
百分比	40.93%	27.61%	32.15%	30.69%	32.14%	18.89%	1.4615
Hea_f 之和	0.0895	0.1124	0.1316	0.1139	0.0609	0.0199	—
百分比	16.48%	26.34%	25.13%	19.63%	10.12%	2.75%	9.5767
Occ_f 之和	0.2313	0.1966	0.2237	0.2882	0.3472	0.5657	—
百分比	42.59%	46.06%	42.72%	49.68%	57.74%	78.36%	0.5878
三者之和	0.5431	0.4268	0.5236	0.5802	0.6013	0.7219	—

注：同表 4–5。

表 4–7　城镇地区不同收入群体代际收入传递机制差异

传递路径	全体	10% 分位	25% 分位	50% 分位	75% 分位	90% 分位	10% 分位 /90% 分位
Edu_f 之和	0.2808	0.2343	0.2645	0.2655	0.2299	0.1510	—
百分比	44.36%	42.34%	43.98%	42.29%	35.26%	20.61%	2.0541
Hea_f 之和	0.021	0.0387	0.0700	0.0433	0.0241	0.0078	—
百分比	3.32%	6.99%	11.64%	6.89%	3.69%	1.06%	6.5932
Occ_f 之和	0.3311	0.2805	0.2669	0.3190	0.3980	0.5738	—
百分比	52.32%	50.68%	44.38%	50.82%	61.05%	78.33%	0.6470
三者之和	0.6329	0.5535	0.6014	0.6278	0.6519	0.7326	—

注：同表 4–5。

对城镇地区而言，社会资本、教育和健康对不同分位组群的代际收入传递的影响机制类似于农村内部。和处在最低收入分位组群的子辈相比，社会资本对较高收入群体子辈的代际收入传递的影响更大。平均而言，社会资本对最贫困的10%的群体的代际收入传递的影响仅为最富裕10%群体的64.70%，这说明社会资本在较高收入子辈中的回报率高于较低收入子辈。教育对处在收入分位低端的子辈的代际收入传递的影响高于较高收入子辈。平均而言，教育对最贫困的10%子辈的代际收入传递的影响是最富裕10%子辈的2.05倍。另外，结果也显示出：健康对处在收入分位低端的子辈的代际收入传递的影响高于较高收入子辈。平均而言，健康对最贫困的10%的子辈的代际收入传递的影响是最富裕10%子辈的6.59倍。

对比农村和城市不同分位的代际收入传递路径的结果，可以发现：社会资本和教育对城镇地区不同收入分位组群的代际收入传递的贡献稍高于对农村地区不同收入分位组群的影响。但是另一方面回归结果还显示：健康对农村地区不同收入分位组群的代际收入传递的贡献要远远高于城镇地区，这种影响在低收入群体中表现得尤为突出。健康对农村地区低收入分位组群的代际收入传递的贡献率是对城镇低收入分位组群的3.77倍。

（三）分地区不同收入分位代际收入传递路径的比较分析

表4–8、表4–9和表4–10分别显示的是我国东部地区、中部地区和西部地区不同收入分位居民代际收入传递机制的差异。回归结果显示，对于不同收入分位组群而言，中部地区和西部地区的代际收入传递路径的贡献率特征基本上和全体样本的特征一致，贡献率最高的是社会资本，其次为教育，再次为健康。然而对于东部地区而言，对

不同收入分位组群代际收入传递贡献率最高的是教育，其次才是社会资本。

社会资本、健康和教育对我国东部地区、中部地区和西部地区不同收入分位组群的代际收入传递的影响机制类似。对中部地区而言，和处在最低收入分位组群的子辈相比，社会资本对较高收入群体子辈的代际收入传递的影响更大。平均而言，社会资本对最贫困的 10% 的群体的代际收入传递的影响仅为最富裕 10% 群体的 72.06%，这说明社会资本在较高收入子辈中的回报率高于较低收入子辈。教育对处在收入分位低端的子辈的代际收入传递的影响高于较高收入子辈。平均而言，教育对最贫困的 10% 子辈的代际收入传递的影响是最富裕 10% 子辈的 1.62 倍。另外，结果也显示出：健康对处在收入分位低端的子辈的代际收入传递的影响高于较高收入子辈。平均而言，健康对最贫困的 10% 的子辈的代际收入传递的影响是最富裕 10% 子辈的 3.47 倍。

对西部地区而言，和处在最低收入分位组群的子辈相比，社会资本对较高收入群体子辈的代际收入传递的影响更大。平均而言，社会资本对最贫困的 10% 的群体的代际收入传递的影响仅为最富裕 10% 群体的 67.67%，这说明社会资本在较高收入子辈中的回报率高于较低收入子辈。教育对处在收入分位低端的子辈的代际收入传递的影响高于较高收入子辈。平均而言，教育对最贫困的 10% 子辈的代际收入传递的影响是最富裕 10% 子辈的 1.19 倍。另外，结果也显示出：健康对处在收入分位低端的子辈的代际收入传递的影响高于较高收入子辈。平均而言，健康对最贫困的 10% 的子辈的代际收入传递的影响是最富裕 10% 子辈的 7.92 倍。

表 4-8 东部地区不同收入群体代际收入传递机制差异

传递路径	全体	10%分位	25%分位	50%分位	75%分位	90%分位	10%分位/90%分位
Edu_f之和	0.309	0.2943	0.2915	0.3352	0.3521	0.3622	—
百分比	51.39%	59.31%	55.28%	53.36%	52.34%	50.21%	1.1812
Hea_f之和	0.0176	0.0512	0.0451	0.0337	0.0286	0.0138	—
百分比	2.93%	10.32%	8.56%	5.36%	4.25%	1.91%	5.4031
Occ_f之和	0.2747	0.1507	0.1907	0.2593	0.2921	0.3454	—
百分比	45.68%	30.37%	36.16%	41.28%	43.41%	47.88%	0.6343
三者之和	0.6013	0.4962	0.5273	0.6281	0.6728	0.7214	—

注：同表 4-5。

表 4-9 中部地区不同收入群体代际收入传递机制差异

传递路径	全体	10%分位	25%分位	50%分位	75%分位	90%分位	10%分位/90%分位
Edu_f之和	0.2247	0.1609	0.1924	0.2304	0.1983	0.1534	—
百分比	42.91%	40.02%	42.39%	44.17%	36.16%	24.69%	1.6209
Hea_f之和	0.0283	0.0290	0.0280	0.0294	0.0239	0.0129	—
百分比	5.40%	7.21%	6.16%	5.63%	4.36%	2.08%	3.4663
Occ_f之和	0.2705	0.2122	0.2335	0.2619	0.3261	0.4551	—
百分比	51.66%	52.77%	51.45%	50.20%	59.48%	73.23%	0.7206
三者之和	0.5236	0.4021	0.4539	0.5217	0.5483	0.6214	—

注：同表 4-5。

表 4-10 西部地区不同收入群体代际收入传递机制差异

传递路径	全体	10%分位	25%分位	50%分位	75%分位	90%分位	10%分位/90%分位
Edu_f之和	0.1455	0.1326	0.1539	0.1872	0.2270	0.2087	—
百分比	41.25%	41.22%	43.36%	44.36%	42.17%	34.65%	1.1896
Hea_f之和	0.0189	0.0512	0.0432	0.0438	0.0433	0.0121	—
百分比	5.34%	15.92%	12.16%	10.39%	8.04%	2.01%	7.9204
Occ_f之和	0.1883	0.1379	0.1579	0.1909	0.2681	0.3815	—
百分比	53.39%	42.86%	44.48%	45.25%	49.79%	63.34%	0.6767
三者之和	0.3527	0.3217	0.3549	0.4219	0.5384	0.6023	—

注：同表 4-5。

对东部地区而言，和处在最低收入分位组群的子辈相比，社会资本对较高收入群体子辈的代际收入传递的影响更大。平均而言，社会资本对最贫困的10%的群体的代际收入传递的影响仅为最富裕10%群体的63.43%，这说明社会资本在较高收入子辈中的回报率高于较低收入子辈。教育对处在收入分位低端的子辈的代际收入传递的影响高于较高收入子辈。平均而言，教育对最贫困的10%子辈的代际收入传递的影响是最富裕10%子辈的1.18倍。另外，结果也显示出：健康对处在收入分位低端的子辈的代际收入传递的影响高于较高收入子辈。平均而言，健康对最贫困的10%的子辈的代际收入传递的影响是最富裕10%子辈的5.40倍。

对比东部地区、中部地区和西部地区不同分位的代际收入传递路径的结果，可以发现：教育对东部地区不同收入分位组群的代际收入传递的贡献更大。健康对西部地区不同收入分位组群的代际收入传递的贡献更大，这在低收入群体中表现得尤为突出。健康对西部地区低收入分位组群的代际收入传递的贡献分别是中部地区低收入分位组群和东部地区低收入分位组群的2.21倍和1.54倍。

（四）分收入不同收入分位代际收入传递路径的比较分析

表4–11和表4–12分别显示的是高收入父辈和低收入父辈不同收入分位代际收入传递机制的差异。回归结果显示，和全体样本一样，不管是对于较高收入父辈群体还是较低收入父辈群体，对处于任何收入分位组群的子辈而言，社会资本都是其代际收入传递的主要途径，教育其次，健康的贡献率最弱。

对较高收入父辈而言，和处在最低收入分位组群的子辈相比，社会资本对较高收入群体子辈的代际收入传递的影响更大。平均而言，社会资本对最贫困的10%子辈的代际收入传递的影响仅为最富裕10%群体的62.32%，这说明社会资本在较高收入子辈中的回报率高于较低收入子辈。教育对处在收入分位低端的子辈的代际收入传递的影响高于较高收入子辈。平均而言，教育对最贫困的10%子辈的代际收入传递的影响是最富裕10%子辈的1.75倍。另外，结果也显示出：健康对处在收入分位低端的子辈的代际收入传递的影响高于较高收入子辈。平均而言，健康对最贫困的10%的子辈的代际收入传递的影响是最富裕10%子辈的6.19倍。

对较低收入父辈而言，和处在最低收入分位组群的子辈相比，社会资本对较高收入群体子辈的代际收入传递的影响更大。平均而言，社会资本对最贫困的10%子辈的代际收入传递的影响仅为最富裕10%群体的32.05%，这说明社会资本在较高收入子辈中的回报率高于较低收入子辈。教育对处在收入分位低端的子辈的代际收入传递的影响高于较高收入子辈。平均而言，教育对最贫困的10%子辈的代际收入传递的影响是最富裕10%子辈的1.40倍。另外，结果也显示出：健康对处在收入分位低端的子辈的代际收入传递的影响高于较高收入子辈。平均而言，健康对最贫困的10%的子辈的代际收入传递的影响是最富裕10%子辈的7.09倍。

对比较高收入父辈、较低收入父辈不同分位的代际收入传递路径的结果，可以发现，和较低收入父辈相比，社会资本对较高收入父辈中不同收入分位组群的代际收入传递的贡献更大，这种影响在高收入子辈中表现得尤为突出。社会资本对较高收入父辈中高收入子辈的代际收入传递的贡献是对较低收入父辈的1.22倍。教育对较低收入父辈中不同收入分位组群的代际收入传递的贡献更大。回归结果还显示：

健康对低收入父辈中不同收入分位组群的代际收入传递的贡献要远远高于高收入父辈，这种影响在低收入子辈群体中表现得尤为突出。健康对较低收入父辈中低收入子辈的代际收入传递的贡献是对较高收入父辈中低收入子辈的 1.95 倍。

表 4-11　高收入父辈不同收入群体代际收入传递机制差异

传递路径	全体	10% 分位	25% 分位	50% 分位	75% 分位	90% 分位	10% 分位 / 90% 分位
Edu_f 之和	0.0852	0.1205	0.1124	0.1127	0.0833	0.1438	—
百分比	14.29%	32.11%	26.34%	21.59%	13.36%	18.38%	1.7470
Hea_f 之和	0.0302	0.0710	0.0526	0.0535	0.0515	0.0239	—
百分比	5.07%	18.93%	12.32%	10.25%	8.26%	3.06%	6.1863
Occ_f 之和	0.4808	0.1837	0.2617	0.3557	0.4889	0.6147	—
百分比	80.64%	48.96%	61.34%	68.16%	78.38%	78.56%	0.6232
三者之和	0.5962	0.3752	0.4267	0.5219	0.6238	0.7825	—

注：同表 4-5。

表 4-12　低收入父辈不同收入群体代际收入传递机制差异

传递路径	全体	10% 分位	25% 分位	50% 分位	75% 分位	90% 分位	10% 分位 / 90% 分位
Edu_f 之和	0.1596	0.1281	0.1589	0.1640	0.1719	0.2053	—
百分比	36.87%	42.36%	44.29%	38.91%	32.68%	30.24%	1.4008
Hea_f 之和	0.0412	0.1118	0.1154	0.0925	0.0650	0.0354	—
百分比	9.52%	36.95%	32.16%	21.94%	12.36%	5.21%	7.0921
Occ_f 之和	0.2321	0.0626	0.0845	0.1650	0.2891	0.4382	—
百分比	53.61%	20.69%	23.55%	39.15%	54.96%	64.55%	0.3205
三者之和	0.4329	0.3025	0.3587	0.4215	0.5261	0.6789	—

注：同表 4-5。

本章基于持久性收入的代际收入传递分解方法，分别采用线性回归法和分位回归法对我国居民的代际收入传递机制分 12 条路径进行了分解，并且还分析比较了我国不同区域、不同收入群体的代际收入传递机制的差异，本章的主要研究结论如下：

第一，我国居民代际收入的传递主要是通过社会资本这一路径，其次为教育投资，而影响程度最小的是健康投资。这种传递路径是我国目前大多数地区的表现形式。从全体样本来看，社会资本解释了代际收入弹性的 0.3106，占这三种作用机制的一半多（51.89%），而教育和健康这两个表示人力资本的变量对代际收入弹性的贡献率分别是 0.2205 和 0.0675。

第二，和农村地区相比，社会资本和教育对城镇地区的代际收入传递的贡献率更大，但是在农村地区的代际收入传递中健康的贡献率远远高于城镇地区。

第三，对于东部地区而言，对代际收入传递的贡献率最高的是教育，其次才是社会资本，而且东部地区中社会资本对代际收入传递的贡献低于中部和西部地区，但是西部地区和中部地区健康的贡献率高于东部地区。

第四，和较低收入群体相比，社会资本对较高收入群体的代际收入弹性的影响远远大于较低收入群体，这说明社会资本在较高收入群体的回报率高于较低收入群体，另外回归结果也显示出：教育对较低收入群体的代际收入弹性的影响大于较高收入群体。

第五，从分位回归的结果来看，和全体样本一样，对处于任何收入分位组群而言，社会资本都是其代际收入传递的主要途径，教育其次，健康的贡献率最弱。但是和处在最低收入分位组群相比，社会资本对较高收入群体的代际收入传递的影响更大。另外结果也显示出：教育和健康对处在收入分位低端组群的代际收入传递的影响高于较高收入群体。

第六，和全体样本一样，不管是在农村地区还是城镇地区，对处于任何收入分位组群的子辈而言，社会资本都是其代际收入传递的主要途径，教育其次，健康的贡献率最弱。社会资本和教育对城镇地区不同收入分位组群的代际收入传递的贡献稍高于对农村地区不同收入分位组群的影响。同时健康对农村地区不同收入分位组群的代际收入传递的贡献要远远高于城镇地区，这种影响在低收入群体中表现得尤为突出。

第七，对于不同收入分位组群而言，中部地区和西部地区的代际收入传递路径的贡献率特征基本上和全体样本的特征一致，贡献率最高的是社会资本，其次为教育，再次为健康。然而对于东部地区而言，对不同收入分位组群代际收入传递贡献率最高的是教育，其次才是社会资本。教育对东部地区不同收入分位组群的代际收入传递的贡献相比较于中西部地区更大。健康对西部地区不同收入分位组群的代际收入传递的贡献更大，这在低收入群体中表现得尤为突出。

第八，和全体样本一样，不管是对于较高收入父辈群体还是较低收入父辈群体，对处于任何收入分位组群的子辈而言，社会资本都是其代际收入传递的主要途径，教育其次，健康的贡献率最弱。和较低收入父辈相比，社会资本对较高收入父辈中不同收入分位组群的代际收入传递的贡献更大，这种影响在高收入子辈中表现得尤为突出。教育对较低收入父辈中不同收入分位组群的代际收入传递的贡献更大。回归结果还显示：健康对低收入父辈中不同收入分位组群的代际收入传递的贡献要远远高于高收入父辈，这种影响在低收入子辈群体中表现得尤为突出。

第五章 代际收入流动性与收入不平等

中国日益扩大的收入差距引起了学者们的高度关注，多数学者认为，整体的收入差距与城乡间日益扩大的收入差距有关（杨，1999；姚和朱，1998；赵仁伟等，1999；坎波尔和张，1999）。现有的关于收入不平等的研究多是从经济体制改革和对外开放角度探讨收入分配体制和格局的影响因素，如陆铭、陈钊（2004）从城市化和城市倾向的经济政策探讨城乡收入差距的成因；王小鲁、樊纲（2004）纳入了更多的变量，考察经济增长因素、收入再分配和社会保障因素、公共产品和基础设施因素、制度等因素对收入差距的影响；吴晓东（2000）、魏尚进等（2001）、万广华、陆铭、陈钊（2005）等学者则从对外开放的角度实证分析收入差距扩大的成因。然而从代际收入流动性角度分析收入不平等的研究则较为有限。

第一节 数据处理过程

与第四章类似，本书选用的是 CHNS 调查数据，并将其中的城镇和农村居民父辈与子辈进行匹配，只保留了那些年龄在 18 岁以上并且已经离开了学校而且有工作的样本。另外，由于 CHNS 中存在着样本的增加和删减的问题，样本的流入和流出并不是随机的，本书使用均衡的面板数据来进行回归。本章需要研究的是代际收入弹性与收入不平等的关系，在进行代际收入弹性测算时又需要使用收入均值，而由于 CHNS 项目组在 2011 年之后的两次数据调查中将调查区域由原来的 9 个省份分别扩展到 12 个省份和 15 个省份，且样本流失问题严重，因为代际收入流动性研究对追踪样本数据质量和样本数量要求较为严格，为了保持数据的一致性和可比性，同时为了克服由于样本规模减少所带来的代际收入流动分析上的偏误问题，因而我们将原有样本的八个时期调查数据缩减为五个时期，每个时期包括 7 省份[①]，考虑到分时期和分地区的划分方式，本章的数据是保留那些在同一时期内连续三次都出现过的样本。

具体的数据处理过程如下：为了得到分时期分地区的代际收入弹性，本书先根据记录的家庭成员和户主的关系分别组建不同年份的父辈和子辈关系表，再将不同年份按照时期和省份划分的父辈和子辈的关系表进行合并，得到五个时期（每个时期包括 3 次调查，7 省份）的父辈和子辈关系的面板数据。如果一个家庭含有多个子辈的话，则将这个家庭视为多次观测，保留子辈的信息不变，加入相对应的父辈的信息，样本分布如表 5–1、表 5–2 和表 5–3 所示。

表 5–1　整体样本分布

	1989—1993 年	1991—1997 年	1993—2000 年	1997—2004 年	2000—2006 年
江苏	89	56	60	45	43
山东	73	45	44	43	34

① 事实上，CHNS 的调查覆盖了辽宁、黑龙江、江苏、山东、河南、湖北、湖南、广西和贵州 9 个省份，但是由于辽宁和黑龙江某些调查时期的样本缺失严重，因此本书将其剔除。

续表

	1989—1993 年	1991—1997 年	1993—2000 年	1997—2004 年	2000—2006 年
河南	93	65	48	32	28
湖北	62	30	53	46	41
湖南	40	31	33	30	32
广西	143	88	107	79	62
贵州	132	82	70	58	65
总体	670	397	415	333	305

表 5-2 城镇样本分布

	1989—1993 年	1991—1997 年	1993—2000 年	1997—2004 年	2000—2006 年
江苏	22	24	25	22	21
山东	19	9	10	13	10
河南	20	10	6	7	6
湖北	22	9	9	14	13
湖南	14	9	10	9	11
广西	19	23	34	19	18
贵州	13	15	18	20	19
总体	129	99	112	104	98

表 5-3 农村样本分布

	1989—1993 年	1991—1997 年	1993—2000 年	1997—2004 年	2000—2006 年
江苏	67	32	35	23	22
山东	54	36	34	30	24
河南	73	55	42	25	22
湖北	40	21	44	32	28
湖南	26	22	23	21	21
广西	124	65	73	60	44
贵州	119	67	52	38	46
总体	541	298	303	229	207

第二节 InterP 指数

一、研究方法

学者们关注收入流动性的初衷是研究收入流动状况是否带来了收入分配在长期更加平等，夏洛克斯（1978b），阿特金森、布吉尼翁和莫里森（1992），贾维斯和詹金斯（Jarvis & Jenkins，1998）等人的研究表明，收入流动能够成为长期收入分配均衡器，夏洛克斯（1978b）还提出了一种测算方法。随后，菲尔兹（Fields，2002）在此基础上定义了“收入流动作为长期收入均衡器的推动（Progressivity）指标”（简称 P 指数）。

$$P \equiv 1 - \frac{G(\bar{y})}{G(y_1)} \qquad (5.1)$$

式（5.1）中，$\bar{y}$表示初始年份和最终年份的平均收入分配数列；y_1 表示初始年份的收入分配数列，即为短期的收入不平等。$G(\cdot)$ 表示对收入分配数列的不平等程度，即计算收入数列的基尼系数，$G(\bar{y})$ 表示长期的收入不平等；$G(y_1)$ 表示短期的收入不平等。若 $P > 0$，表示长期的收入分配状况比短期更平等；$P < 0$，则表示长期的收入分配状况比短期更不平等；$P=0$，表示长期和短期的收入分配状况同样平等。

本书借鉴菲尔兹（2002）的指数测定方法，以测算与父辈相比，子辈的收入不平等状况。$G(y^f)$ 表示父辈收入分配数列的基尼系数；$G(y^c)$ 表示子辈收入分配数列的基尼系数。为了更清楚地表明收入代际流动状况，本书定义，若 $InterP > 0$，表示子辈的收入分配状况比父辈更不平等；$InterP < 0$，则表示子辈的收入分配状况比父辈更平

等；*InterP*=0，表示子辈和父辈的收入分配状况同样平等。

$$InterP \equiv 1-\frac{G(y^f)}{G(y^c)} \tag{5.2}$$

要测算 InterP 指数，就需要首先测算父辈和子辈的基尼系数。基尼系数的计算需要根据收入分配状况估计出洛伦兹曲线，通过积分计算出曲线与对角线之间的面积，并除于对角线右下方直角三角形的面积。但是拟合洛伦兹曲线较为繁琐，姚（Yao，1999）提供了一种较为简便的计算基尼系数的方法，假定将样本人口分为 n 组，w_i、m_i、p_i 表示第 i 组人口的人均收入份额、平均人均收入和人口频数 $(i=1,2,\cdots n)$，将全部样本按照人均收入 m_i 由小到大进行排序后，可以根据式（5.3）计算基尼系数：

$$G=1-\sum_{i=1}^{n}2B_i=1-\sum_{i=1}^{n}P_i(2Q_i-W_i) \tag{5.3}$$

式（5.3）中，$Q_i=\sum_{1}^{i}w_i$ 为累积收入比重；B 为洛伦兹曲线右下方的面积；并且有：$\sum_{1}^{i}w_i=1$，$\sum_{1}^{i}p_i=1$。

二、测算结果

（一）跨时期分样本收入不平等代际传递性

本章首先采用第四章的样本，根据式（5.2）和式（5.3）测算出不同样本父辈和子辈的收入不平等及代际间收入不平等的变动状况。与第四章类似，父辈的收入数据采用 7 次调查的收入均值，子辈的收入数据采用 3 次调查的收入均值。

表 5-4　不同样本父辈和子辈的基尼系数及 InterP 指数

	整体	城镇	农村	东部	中部	西部	高收入	低收入
父辈	0.3394	0.2943	0.3042	0.2584	0.2650	0.3446	0.2594	0.2531

续表

	整体	城镇	农村	东部	中部	西部	高收入	低收入
子辈	0.4240	0.3617	0.4003	0.4239	0.3818	0.3486	0.2729	0.2420
P 值	0.1996	0.1863	0.2400	0.3905	0.3057	0.0116	0.0496	-0.0457

资料来源：本书根据 CHNS 数据计算而得。

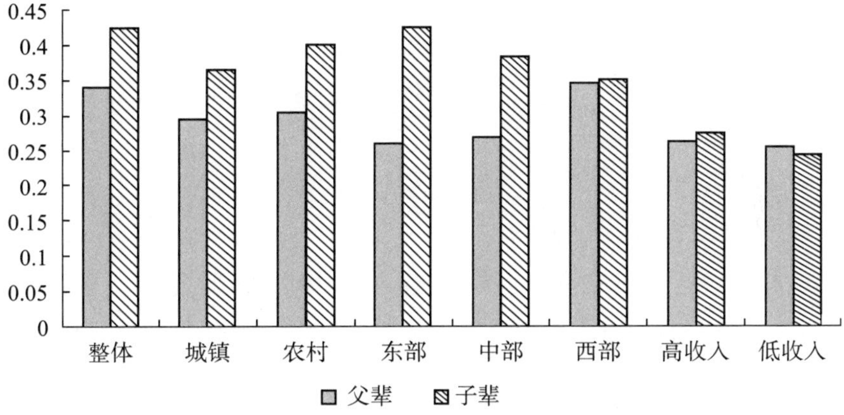

图 5-1 不同样本代际间的基尼系数

表 5-4 显示，整体样本、城镇样本和农村样本中均表现出子辈的收入分配比父辈更加不平等。具体数值为：整体样本，父辈基尼系数为 0.3394，子辈为 0.4240；城镇样本，父辈基尼系数为 0.2943，子辈为 0.3617；农村样本，父辈基尼系数为 0.3042，子辈为 0.4003。三大地区的父辈基尼系数从东到西依次递增，而子辈基尼系数却依次下降；不同收入水平上，无论是父辈，还是子辈，均表现出高收入样本的基尼系数高于低收入样本。

根据式（5.2）测算出的 InterP 指数在整体样本、城镇样本和农村样本分别为 0.1996、0.1863、0.2400，表明农村子辈收入不平等比父辈的更加恶化。三大地区也都表现出相对于父辈，子辈的收入分配得更加不平等，P 值分别为 0.3905、0.3057、0.0116，显然，东部地区的恶化程度最深；只有在低收入样本上，P 值为负，为 -0.0457，表明子辈与父辈相比，收入不平等状况没有进一步恶化。总体来看，除了低收入样本外，子辈的收入不平等程度相对于父辈都呈现恶化的趋势。

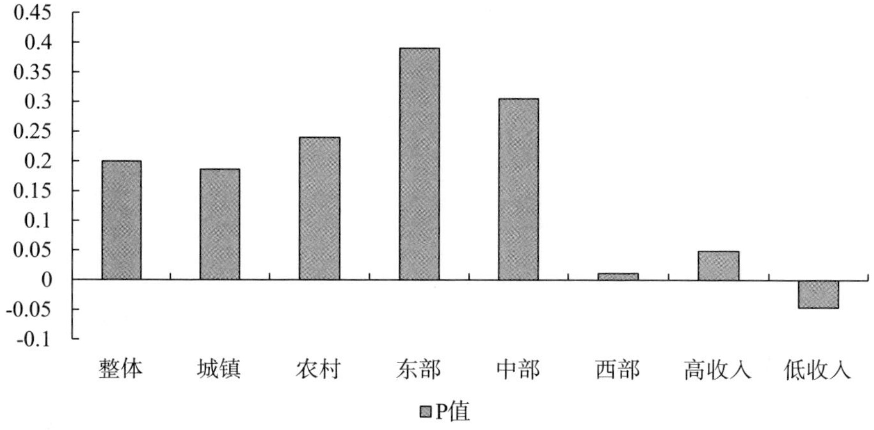

图 5-2 不同样本 InterP 值

（二）整体样本分地区收入不平等代际传递性

同时，为了考察不同地区不同时期的代际收入不平等状况，本书根据 CHNS 数据库的面板数据计算了不同时期分省的代际间基尼系数和 InterP 指数（见表 5-5、表 5-6 和表 5-7），考虑到与第四章保持一致，收入数据依然采用了数年平均（3 年）。但是，在时期的选择上本书没有沿用“跨期”数据，而是选用同期数据。主要原因有二：一是收入均值法能够代表样本的持久性收入，当期的收入虽然无法反映对子辈所进行的人力资本投资，但是仍可以表示前一时期的投资水平，而社会资本无论是“跨期”还是“当期”都能够实现；二是现有的 CHNS 数据库难以满足“跨期”研究时所需的数据。

表 5-5、表 5-6 显示，1989—2006 年采用各个时期的收入均值计算的子辈基尼系数显著高于父辈。总体样本显示，五个时期父辈的基

尼系数分别为 0.4031、0.3737、0.3408、0.4136 和 0.4523，而子辈的基尼系数分别为 0.4223、0.3817、0.4040、0.4481 和 0.4696。无论是父辈还是子辈，收入不平等都呈现出“V”字形的变化趋势，笔者的测算结果与现有的一些研究结论基本类似。根据李实（2009）的研究，中国的城乡收入差距在 20 世纪 90 年代初快速扩大，在 90 年代中期有所收敛，而 90 年代末期又再次扩大。王洪亮、徐翔（2006）对于中国收入差距的分解表明，1984—1994 年为总体收入不平等的上升时期，1995—1998 年是总体收入不平等短暂的下降时期，1999 年之后是总体收入不平等再次上升阶段。本书的测算结果与收入分配的现实状况及他们的研究结论基本类似。就不同地区的基尼系数而言，以 2000—2006 年为例，山东父辈基尼系数最高，为 0.4691，江苏最低，为 0.2980；广西子辈基尼系数最高，为 0.4572，贵州基尼系数最低，为 0.3685。

表 5-5　1989—2006 年各时期不同地区整体样本父辈基尼系数

地区	1989—1993 年	1991—1997 年	1993—2000 年	1997—2004 年	2000—2006 年
江苏	0.3824	0.3637	0.3314	0.2963	0.2980
山东	0.3646	0.3792	0.3230	0.4331	0.4691
河南	0.3730	0.3673	0.3575	0.3350	0.3985
湖北	0.3812	0.3591	0.3509	0.3794	0.4117
湖南	0.3323	0.3779	0.4216	0.4155	0.4070
广西	0.3035	0.3398	0.4392	0.4516	0.4651
贵州	0.4179	0.3654	0.3712	0.3707	0.3639
总体	0.4031	0.3737	0.3408	0.4136	0.4523

资料来源：本书根据 CHNS 数据计算而得。

表 5-6 1989—2006 年各时期不同地区整体样本子辈基尼系数

地区	1989—1993 年	1991—1997 年	1993—2000 年	1997—2004 年	2000—2006 年
江苏	0.3954	0.3750	0.4009	0.4540	0.4306
山东	0.3823	0.4069	0.3718	0.4391	0.4523
河南	0.3892	0.4145	0.3978	0.3713	0.4053
湖北	0.3660	0.3737	0.4035	0.4576	0.4461
湖南	0.4546	0.3691	0.4217	0.4130	0.4293
广西	0.4296	0.4234	0.3828	0.4556	0.4572
贵州	0.4276	0.3513	0.3886	0.3932	0.3685
总体	0.4223	0.3817	0.4040	0.4481	0.4696

资料来源：本书根据 CHNS 数据计算而得。

利用式（5.2）计算的 InterP 指数可以查看收入不平等在代际间的传递程度，由表 5-7 和图 5-3 可知，在五个时期，相对于父辈的收入分配，子辈都表现出收入差距的进一步恶化。整体来看，这种收入不平等的代际传递在 1993—2000 年这个时期较高，意味着这个时期子辈的收入分配状况相比较于父辈，其不平等程度更高。

表 5-7 1989—2006 年各时期不同地区整体样本 InterP 指数

地区	1989—1993 年	1991—1997 年	1993—2000 年	1997—2004 年	2000—2006 年
江苏	0.0329	0.0301	0.1734	0.3474	0.3079
山东	0.0463	0.0681	0.1313	0.0137	−0.0371
河南	0.0416	0.1139	0.1013	0.0978	0.0168
湖北	−0.0415	0.0391	0.1304	0.1709	0.0771
湖南	0.2690	−0.0238	0.0002	−0.0061	0.0519
广西	0.2935	0.1974	−0.1473	0.0088	−0.0173
贵州	0.0227	−0.0401	0.0448	0.0572	0.0125
总体	0.0455	0.0210	0.1564	0.0770	0.0368

资料来源：本书根据 CHNS 数据计算而得。

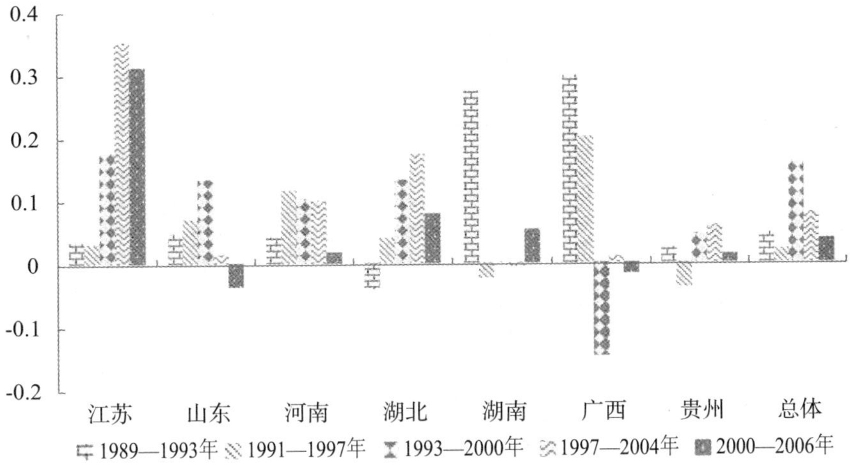

图 5-3　1989—2006 年各时期不同地区整体样本 InterP 指数

（三）城镇样本分地区收入不平等代际传递性

利用分地区的城镇样本计算出父辈和子辈的基尼系数如表 5-8 和表 5-9 所示，整体来看，无论是父辈还是子辈的收入不平等状况都呈现出一个“V”字形的趋势。分地区而言，以 2000—2006 年为例，无论是父辈还是子辈基尼系数，都以山东最高，分别为 0.4618 和 0.4623。

利用式（5.2）计算出 InterP 指数来查看收入不平等在代际间的传递程度，表 5-10 和图 5-4 表明，1989—1993 年这一时期的收入不平等在代际间并不显著，但随后的 3 个时期，相对于父辈的收入分配，子辈表现出收入差距的进一步恶化。整体来看，1993—2000 年这个时期子辈的收入状况比父辈不平等程度更高。

表 5-8　1989—2006 年各时期不同地区城镇样本父辈基尼系数

地区	1989—1993 年	1991—1997 年	1993—2000 年	1997—2004 年	2000—2006 年
江苏	0.3421	0.3264	0.3212	0.3032	0.2627
山东	0.3592	0.3508	0.3053	0.4326	0.4618
河南	0.3532	0.3412	0.3066	0.3069	0.2957

续表

地区	1989—1993 年	1991—1997 年	1993—2000 年	1997—2004 年	2000—2006 年
湖北	0.3408	0.3046	0.3570	0.2059	0.2053
湖南	0.2928	0.3725	0.4756	0.4361	0.4300
广西	0.4042	0.3149	0.2210	0.4392	0.4591
贵州	0.3204	0.3320	0.2636	0.3185	0.3296
总体	0.3846	0.3642	0.3739	0.4212	0.4521

资料来源：本书根据 CHNS 数据计算而得。

表 5-9　1989—2006 年各时期不同地区城镇样本子辈基尼系数

地区	1989—1993 年	1991—1997 年	1993—2000 年	1997—2004 年	2000—2006 年
江苏	0.3684	0.3858	0.3964	0.3747	0.3181
山东	0.3645	0.3793	0.3609	0.4591	0.4623
河南	0.3537	0.4165	0.4319	0.3864	0.3935
湖北	0.2956	0.3131	0.3865	0.4011	0.4423
湖南	0.3833	0.3863	0.4292	0.4433	0.4520
广西	0.4178	0.3860	0.3962	0.4029	0.4377
贵州	0.3738	0.3842	0.3910	0.3683	0.3424
总体	0.3874	0.3860	0.4371	0.4450	0.4541

资料来源：本书根据 CHNS 数据计算而得。

表 5-10　1989—2006 年各时期不同地区城镇样本 InterP 指数

地区	1989—1993 年	1991—1997 年	1993—2000 年	1997—2004 年	2000—2006 年
江苏	0.0714	0.1540	0.1897	0.1908	0.1742
山东	0.0145	0.0751	0.1541	0.0577	0.0011
河南	0.0014	0.1808	0.2901	0.2057	0.2485
湖北	−0.1529	0.0271	0.0763	0.4867	0.5358
湖南	0.2361	0.0357	−0.1081	0.0162	0.0487
广西	0.0326	0.1842	0.4422	−0.0901	−0.0489
贵州	0.1429	0.1359	0.3258	0.1352	0.0374
总体	0.0072	0.0565	0.1446	0.0535	0.0044

资料来源：本书根据 CHNS 数据计算而得。

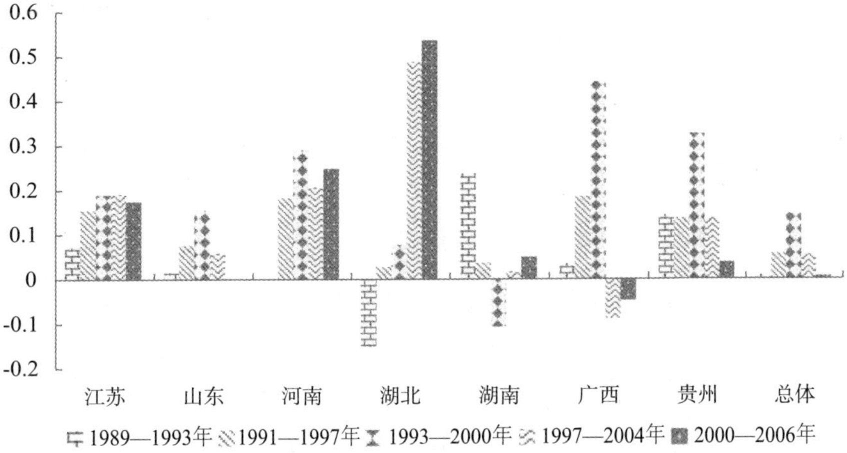

图 5-4　1989—2006 年各时期不同地区城镇样本 InterP 指数

（四）农村样本分地区收入不平等代际传递性

利用分地区的农村样本计算出父辈和子辈的基尼系数如表 5-11 和表 5-12 所示，与整体样本和城镇样本类似，无论是父辈还是子辈的收入不平等状况都呈现出一个“V”字形的趋势。分地区而言，以 2000—2006 年为例，父辈基尼系数以广西最高，为 0.4591，江苏最低，为 0.3271；子辈基尼系数以山东最高，为 0.4523，河南最低，为 0.3313。

表 5-11　1989—2006 年各时期不同地区农村样本父辈基尼系数

地区	1989—1993年	1991—1997年	1993—2000年	1997—2004年	2000—2006年
江苏	0.3806	0.3373	0.2951	0.2816	0.3271
山东	0.3349	0.3840	0.3053	0.4230	0.4518
河南	0.3820	0.3567	0.3260	0.3035	0.3558
湖北	0.3714	0.2889	0.3490	0.3974	0.4097
湖南	0.3064	0.3560	0.4513	0.3988	0.4002
广西	0.4013	0.3221	0.4538	0.4317	0.4591
贵州	0.4099	0.3942	0.3410	0.3648	0.3494
总体	0.4103	0.3783	0.3508	0.4012	0.4536

资料来源：本书根据 CHNS 数据计算而得。

表 5-12 1989—2006 年各时期不同地区农村样本子辈基尼系数

地区	1989—1993 年	1991—1997 年	1993—2000 年	1997—2004 年	2000—2006 年
江苏	0.3846	0.3724	0.4134	0.4341	0.4208
山东	0.3713	0.4176	0.3609	0.4302	0.4523
河南	0.3740	0.4276	0.3887	0.3631	0.3313
湖北	0.3349	0.3124	0.3935	0.4252	0.4423
湖南	0.4642	0.3513	0.3980	0.4090	0.4042
广西	0.4178	0.4016	0.3791	0.4411	0.4377
贵州	0.4336	0.3291	0.3705	0.3791	0.3552
总体	0.4244	0.3816	0.4104	0.4373	0.4694

资料来源：本书根据 CHNS 数据计算而得。

与前文类似，利用农村内部基尼系数测算出来的 InterP 指数（见表 5-13、图 5-5），整体来看，五个时期中，相对于父辈，子辈收入不平等的程度更高，分别为 0.0332、0.0086、0.1452、0.0826 和 0.0337，且在 1993—2000 年这一时期最高，为 0.1452。分地区的测算结果显示，东部地区（江苏、山东）子辈收入不平等的恶化程度相对较高；中西部地区的相对较低，在这五个省份中（河南、湖北、湖南、广西、贵州），InterP 值均出现不同程度的下降，表明子辈收入不平等程度有所缓解。

表 5-13 1989—2006 年各时期不同地区农村样本 InterP 指数

地区	1989—1993 年	1991—1997 年	1993—2000 年	1997—2004 年	2000—2006 年
江苏	0.0104	0.0943	0.2862	0.3513	0.2227
山东	0.0980	0.0805	0.1541	0.0167	0.0011
河南	-0.0214	0.1658	0.1613	0.1641	-0.0740
湖北	-0.1090	0.0752	0.1131	0.0654	0.0737
湖南	0.3399	-0.0134	-0.1339	0.0249	0.0099
广西	0.0395	0.1980	-0.1970	0.0213	-0.0489
贵州	0.0547	-0.1978	0.0796	0.0377	0.0163
总体	0.0332	0.0086	0.1452	0.0826	0.0337

资料来源：本书根据 CHNS 数据计算而得。

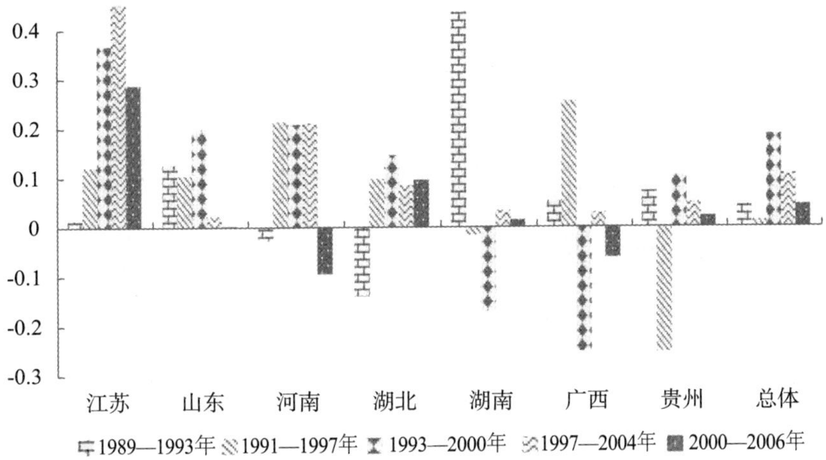

图 5-5　1989—2006 年各时期不同地区农村样本 InterP 指数

第三节　回归分析

收入不平等是否存在代际传递，我国较高的代际收入弹性（较差的代际收入流动性）是否是导致子辈收入不平等的重要原因，仅用 InterP 指数测算只能表明子辈收入不平等相对于父辈的恶化程度。因此，关于代际收入流动性和收入不平等的关系需要通过实证模型进一步进行分析。

一、模型构建

本节的目的是通过深入考察代际收入流动性与收入不平等之间的关系，从动态的视角来阐释当前中国收入差距扩大的原因，思路是通过建立线性模型分析代际收入流动性（用代际收入弹性表示）和其他因素（如经济发展、教育水平、对外开放等因素）对收入不平等的贡献程度，考虑到收入不平等和代际收入流动性之间可能存在的内生关系，本书将收入不平等和代际收入流动性作为相互影响的内生变量纳入方程，构建以下联立方程组。

$$gini_{it}=f(elasticity_{it}+trade_{it}+edu_{it}) \tag{5.4}$$

$$elasticity_{it}=f(gini_{it}+incm_{it}+finance_{it}+ruralem_{it}) \tag{5.5}$$

在收入不平等的决定方程中，$gini_{it}$ 表示第 i 个时期、第 t 个地区的收入不平等程度，$elasticity_{it}$ 表示第 i 个时期、第 t 个地区的代际收入弹性。此外，笔者还控制了开放程度 *trade*、人均受教育水平 *edu*。在代际收入流动性方程中，笔者纳入了收入不平等程度 *gini*、经济发展水平 *incm*、劳动力市场完善程度 *ruralem*、政府的教育文化公共支出 *finance*。开放程度 *trade* 采用各地区的进出口总额与 GDP 的比值来表示，人均受教育水平 *edu* 采用各地区的平均受教育年限来表示，经济发展水平 *incm* 采用各地区 GDP 年均增长率来表示，劳动力市场完善程度 *ruralem* 采用城镇单位中农村劳动力的就业比重来表示，政府公共支出 *finance* 采用政府文教科学卫生事业的支出在地方财政支出中所占的比重来表示。除代际收入弹性 *elasticity* 和收入不平等程度 *gini* 是利用 CHNS 数据库测算外，其他数据均来自历年的《中国统计年鉴》和《中国劳动统计年鉴》，根据五个时期分别取平均值。[①] 为了消除异方差，模型中所有的数据都做了对数化处理。

本书的估计方法采用三阶段最小二乘法（3SLS），基本思路是，首先使用两阶段最小二乘法对联立方程组中的两个方程分别估计，再对系统进行广义最小二乘法估计。使用联立方程组估计前必须要考虑联立方程模型的识别问题，笔者的模型只有两个内生变量，模型可以识别。

---

① 由于 1989—1993 年这一时期城镇单位中农村劳动力就业比重数据缺失，本书利用相关数据进行了估计。

二、代际收入流动性测算

在进行回归分析之前，需要测算分时期的代际收入弹性。在本节中，本书将 7 次调查划分为 5 个时期，每个时期包括 3 个调查年份，通过收入均值法获得父辈和子辈的持久性收入的代理变量。但是，考虑到 3 个调查年份对持久性收入的代表性不足，可能产生向下偏误，本书又结合工具变量法，将父辈的职业特征和受教育程度作为工具变量，进而估算出代际收入弹性。

表 5-14　1989—2006 年各时期整体样本代际收入弹性

	1989—1993 年	1991—1997 年	1993—2000 年	1997—2004 年	2000—2006 年
江苏	0.4721**	0.4432**	0.5446*	0.4532**	0.4637**
	(2.3180)	(2.1926)	(1.9306)	(2.2421)	(2.1525)
山东	0.5254**	0.4589***	0.5058**	0.5355**	0.5549**
	(2.1961)	(3.6301)	(2.3000)	(2.2273)	(2.3268)
河南	0.4030 **	0.4890**	0.4230*	0.5067*	0.5164*
	(2.1528)	(2.0631)	(1.9406)	(1.8990)	(1.9065)
湖北	0.4857***	0.4566**	0.3432*	0.4130*	0.4402*
	(2.8447)	(2.0259)	(1.7464)	(1.7806)	(1.7624)
湖南	0.4151**	0.4533*	0.5453*	0.5007***	0.5470***
	(2.4153)	(1.8369)	(1.8352)	(2.5792)	(2.8809)
广西	0.3870**	0.3649**	0.4470**	0.4259**	0.4686***
	(2.1283)	(2.1918)	(2.3646)	(2.2351)	(2.6726)
贵州	0.4538**	0.4701***	0.5045**	0.4926**	0.5282**
	(2.4276)	(2.7596)	(2.0304)	(2.0008)	(2.1581)
总体	0.4560***	0.4951***	0.4754***	0.5016**	0.5144***
	(2.7065)	(3.8994)	(3.8368)	(2.4337)	(2.6342)

注：*、** 和 *** 分别代表统计检验显著水平为 10%、5% 和 1%。

资料来源：本书根据 CHNS 数据计算而得。

表 5-14 显示的是不同省份 5 个时期整体样本的代际收入弹性。通过估算发现：（1）与第四章中采用三年收入均值相比，加入工具变量后所估算出的代际收入弹性整体上偏高，这证实了工具变量法的使用会导致估计值向上偏误；（2）东部地区的代际收入弹性略高于中部和西部，以 2000—2006 年为例，其中东部的山东省最高，为 0.5549，湖北省最低，为 0.4402；（3）代际收入弹性呈现较为明显的上升趋势，2000—2006 年的代际收入弹性（为 0.5144）明显高于 1989—1993 年（0.4560），说明中国的经济体制在由计划经济向市场经济的转变过程中，无论是就业制度还是收入分配制度的改革均打破了以往平均主义的格局，在此状态下，子辈的就业和收入不再仅仅依赖于国家的计划分配体制，而是更多地依赖于家庭对子辈的人力资本投资程度以及父辈（家庭）的社会关系，即子辈的收入水平在很大程度上取决于父辈的收入水平，从而导致了较高的代际收入弹性的出现。

三、实证结果分析

代际收入弹性越高，表明一个社会的代际收入流动性越低，机会的不平等程度越高。在收入差距方程中，代际收入弹性与收入不平等的关系在 5% 的水平上显著为正，估计参数为 0.3707，表明代际收入弹性每提高 1%，将导致收入不平等程度平均恶化 0.3707%；在代际收入流动性方程中，收入不平等与代际收入弹性呈显著正相关，估计参数为 0.4118，意味着收入不平等程度上升 1%，代际收入流动性平均降低 0.4118%。这意味着，收入不平等状况的加剧将增加社会的机会不平等程度，而较高的代际收入弹性（意味着较低的代际收入流动性，较高的机会不平等程度）将使得收入不平等状况进一步恶化。

表 5-15　联立方程模型估计结果

	被解释变量			
	gini		elasticity	
解释变量	系数	t 值	系数	t 值
C	0.1208*	1.7368	0.2393*	1.7115
elasticity	0.3707**	2.1601	—	—
trade	0.0405*	1.8206	—	—
edu	0.0153**	2.1834	—	—
gini	—	—	0.4118*	1.8259
incm	—	—	0.1211*	-1.6942
finance	—	—	-0.0933	-1.1931
ruralem	—	—	-0.0444	-0.9680

注：*、** 和 *** 分别代表统计检验显著水平为 10%、5% 和 1%。

郭丛斌、闵维方（2007）指出，收入差距的扩大（特别是父辈收入差距的扩大）使得拥有较多经济资本的家庭通过为子辈提供更多更好的就业机会、提供更为直接的财政支持等途径，使其子辈在经济收入上依然保持明显的优势地位，导致代际收入不平等在代际之间得以不断延续。显然，父辈的收入不平等状况影响到子辈的受教育状况的不平等和职业选择的不平等，子辈之间将出现教育分化和职业分化，这种负面影响会导致较高的代际收入弹性，这意味着机会不平等程度的上升，子辈较难通过后天的努力改变自身的受教育状况和就业状态，进而影响到自身的收入水平。由此可见，收入不平等状况恶化是导致代际收入弹性较高的重要原因，而较高的代际收入弹性又会对收入不平等产生负面影响。贝克尔（1993）的理论研究表明，受到市场歧视的家庭表现出子辈向收入均值的偏离。在我国，发展中国家的二元经济结构和不完善的劳动力市场使得低收入群体和农村居民较易受到劳动力市场歧视，导致子辈向收入均值偏离，在一定程度上扩大了收入差距。长期来看，防止收入不平等状况的进一步恶化需要打破收入的代际传递，提高代际收入流动性，使子辈的收入更加依赖于后天的因素而非社会出身。

收入不平等方程中，教育水平对收入不平等程度的影响显著为正。白雪梅（2004）的研究表明，中国的平均受教育年限和收入不平等程度之间存在着倒“U”形关系，并且目前处于倒“U”形的左侧。本书的研究结果也说明，目前，中国的教育水平与收入差距呈现正相关关系。关于对外开放的作用，本书的研究与众多的研究结果类似，即对外开放具有扩大收入差距的作用。

代际收入流动性方程中，经济增长起到了提高代际收入弹性的作用，并且显著为正。相反，政府的科教文卫支出变量显示出降低代际收入弹性的趋势（尽管不显著），表明其在提高代际收入流动性方面具有一定的积极作用。卡诺和莱文（Carnoy & Levin，1985）曾经提出，教育具有使得低收入成员获得了参与劳动力市场竞争的知识和资格，政府的公共支出有利于提高教育的普及程度，改善代际收入流动性。此外，笔者选用的劳动力市场完善程度变量与代际收入弹性存在不显著的负向关系，在一定程度上表明当更多的农村劳动力进入城镇单位就业后，意味着就业壁垒的降低，城乡分割的二元劳动力市场有所改善，这将有助于提高社会的代际流动性。但是，由于劳动力市场完善程度这一指标难以较为准确地度量，本书所选择的指标代表性有所欠缺，可能导致估计结果略有偏误。

本章采用指数测算和回归分析探讨了代际收入流动性对于收入不平等的作用，主要包括两个部分：

第一，根据“收入流动作为长期收入均衡器的推动（Progressivity）指标”，构建了 InterP 指数以测算父辈收入不平等是否推动了子辈收入不平等。结果显示，5个时期内，各个样本下，无论是父辈还是子辈的收入不平等状况，均出现了一个“V”字形；无论是整体样本还是分城乡样本，相对于父辈，子辈的收入不平等状况表现为进一步恶化的趋势，指数测算显示父辈的收入不平等推动了子辈的收入不平等。

第二，考虑到指数测算存在一定局限性，本书进一步使用联立方程模型估计了代际收入流动性与收入不平等的相互关系，回归分析结果表明，收入不平等程度的上升降低了代际收入流动性，而较高的代际收入弹性（较低的代际收入流动性，较高的机会不平等程度）将使得收入不平等状况进一步恶化，要打破收入不平等对机会不平等的负面影响，增加教育投入、完善劳动力市场是必要措施。

第六章　主要结论与政策建议

第一节　主要结论

利用CHNS发布的面板数据，通过收入均值法测算了中国居民整体样本、分城乡样本、分地区样本和分收入水平的代际收入弹性，收入均值法避免了测算方法不当可能造成的估计值向上或向下的偏误，使得测算结果更加准确，同时本书利用百分位转化矩阵分析了样本内部代际流动的特征和方向。测算结果表明：第一，无论是整体样本，城镇样本和农村样本都显示，中国居民存在明显的代际收入传递效应，代际收入流动性较差。就流动趋势而言，处于收入分配两端组群的代际流动都较为封闭。第二，代际收入弹性表现出显著的地区差异，东部和中部地区的代际收入弹性显著高于西部地区。就流动趋势而言，三大地区收入分配两端组群的代际收入流动都较为封闭，但从东到西，表现出高收入群体子辈收入向下流动的趋势逐渐增强，低收入群体子辈向上流动的趋势逐渐减弱的特征。第三，与低收入群体相比，高收入群体的子辈收入受父辈收入的影响程度更大。从内部的流动趋势看，对于高收入样本而言，处于收入五分位两端的组群代际收入传递性都较高，但内部流动相对活跃；而对于低收入样本，处于收入五分位底端的组群代际收入的传递性更高，但内部流动不够频繁。

采用基于持久性收入的代际收入传递分解方法，通过线性回归法和分位回归法对我国居民的代际收入的传递机制分12条路径进行了分解，结果表明：第一，我国居民代际收入的传递主要是通过社会资本这一路径，其次为教育投资，而影响程度最小的是健康投资。这种传递路径是我国目前大多数地区的表现形式。就全体样本而言，社会资本解释了代际收入弹性的0.3106，占这三种作用机制的一半多（51.89%），而教育和健康这两个表示人力资本的变量对代际收入弹性的贡献率分别是0.2205和0.0675。第二，和农村地区相比，社会资本和教育对城镇地区的代际收入传递的贡献率更大，但是在农村地区的代际收入传递中健康的贡献率远远高于城镇地区。第三，对于东部地区而言，对代际收入弹性的贡献率最高的是教育，其次才是社会资本，而且东部地区中社会资本对代际收入弹性的贡献低于中部和西部地区，但是西部地区和中部地区健康的贡献率高于东部地区。第四，和较低收入群体相比，社会资本对较高收入群体的代际收入弹性的影响远远大于较低收入群体，这说明社会资本在较高收入群体的回报率高于较低收入群体，另外回归结果也显示出：教育对较低收入群体的代际收入弹性的影响大于较高收入群体。第五，从分位回归的结果来看，和全体样本一样，对处于任何收入分位组群而言，社会资本都是其代际收入传递的主要途径，教育其次，健康的贡献率最弱。但是和处在最低收入分位组群相比，社会资本对较高收入群体的代际收入弹性的影响更大。另外，结果也显示出：教育和健康对处在收入分位低端组群的代际收入传递的影响高于较高收入群体。第六，和全体样本一样，不管是在农村地区还是城镇地区，对处于任何收入分位组群的子辈而言，社会资本都是其代际收入传递的主要途径，教育其次，健康的贡献率最弱。社会资本和教育对城镇地区不同收入分位组群的代际收入传递的贡献稍高于对农村地区不同收入分位组群的影响。同时，健康对农村地区不同收入分位组群的代际收入传递的贡献要远远高于城镇地区，这种影响在低收入群体中表现得尤为突出。第七，对于不同收入分位组群而言，中部地区和西部地区的代际收入传递路径的贡献率特征基本上和全体样本的特征一致，贡献率最高的是社会资本，其次为教育，再次为健康。然而对于东部地区而言，对不同收入分位组群代际收入传递贡献率最高的是教育，其次才是社会资本。教育对东部地区不同收入分位组群的代际收入传递的贡献相较于中西部地区更大。健康对西部地区不同收入分位组群的代际收入传递的贡献更大，这在低收入群体中表现得尤为突出。第八，和全体样本一样，不管是对于较高收入父辈群体还是较低收入父辈群体，对处于任何收入分位组群的子辈而言，社会资本都是其代际收入传递的主要途径，教育其次，健康的贡献率最弱。和较低收入父辈相比，社会资本对较高收入父辈中不同收入分位组群的代际收入传递的贡献更大，这种影响在高收入子辈中表现得尤为突出。教育对较低收入父辈中不同收入分位组群的代际收入传递的贡献更大。回归结果还显示：健康对低收入父辈中不同收入分位组群的代际收入传递的贡献要远远高于高收入父辈，这种影响在低收入子辈群体中表现得尤为突出。

作为进一步的讨论，本书构建了 InterP 指数以测算不同时期父辈收入不平等是否推动了子辈收入不平等，指数测算显示：相对于父辈，子辈的收入不平等状况表现为进一步恶化的趋势，表明父辈的收入不平等推动了子辈的收入不平等。本书进一步使用联立方程模型估计了代际收入流动性与收入不平等的相互关系，回归分析结果表明，收入不平等程度的上升降低了代际收入流动性，而较高的代际收入弹性（较低的代际收入流动性，较高的机会不平等程度）将使得收入不平等状况进一步恶化。

第二节 政策建议

一、健全和完善劳动力市场，提高市场配置资源的能力

从分析结果中可知，不论是对不同地区，还是不同收入群体而言，社会资本都是影响其代际收入传递的最主要的因素。因此，总体上来讲，健全和完善劳动力市场，提高劳动力市场的信息对称程度和市场配置资源的能力，减少劳动力市场的分割程度，使子女职业类型的选择较低程度地受到父母社会资本的影响是增强我国居民代际收入流动性的有效途径。

现阶段中国特色社会主义进入新时代，社会主义市场经济体制亟待进一步完善，劳动力等要素市场化配置水平有待提高。中国自古以来人情意识浓厚，在就业市场尚不完善的情况下，不同收入家庭子代就业的竞争可能逐渐演变为其父代所掌握的社会资源的竞争，即社会资本的竞争，社会资本有助于就业信息和就业机会的获取。因此，现阶段，在我国劳动力市场存在一定程度上的信息不对称，社会资本发挥较大作用的前提下，建立和健全劳动力市场，提高劳动力市场的信息对称程度，打破劳动力市场的分割，是增强我国居民代际收入流动性的有效途径。

二、完善教育体制，提供公平的受教育机会

从研究结果看，教育仅次于社会资本，是影响我国居民代际收入传递的第二大因素。这说明教育投资作为一种重要的代际收入传递机制，促进了父辈和子辈间收入的代际传递。另外，回归结果也显示出，教育对较低收入群体的代际收入传递的影响大于较高收入群体。这说明，在中国，教育能够增加子辈尤其是出身于较低社会经济地位群体子辈的人力资本，以弥补其在先赋性因素方面的竞争劣势，使其具有相对公平的就业平台，从而为其提供向上流动的机会，这有利于避免收入不平等在代际之间的传递，将有助于促进社会不同收入群体的流动，有益于促进社会公平，使得我国整个社会系统具有足够的平衡性和动力保持良性运转，进而有益于促进社会经济快速、有序、健康的发展和维持国家的长治久安。鉴于此，政府在发掘教育经济价值的同时，也应该重视教育所具有的促进代际收入公平的社会功能。

自古以来，教育就是社会低收入群体向上流动最重要的机制。只有当低收入群体的下一代拥有改变命运的机会，低收入群体的家庭才会对未来充满希望，社会才能稳定和谐地发展。因此，要提高教育这种人力资本在促进居民代际收入流动中的作用，政府应从以下几个方面入手：

（一）加强对低收入群体的教育和职业技能培训

低收入群体的社会流动愿望很强，但由于受教育程度的限制，致使其中大多数人不能实现社会流动，这不利于构建公平、开放、合理的社会结构。为了减少贫富的差距，使低收入群体能够实现上升性的社会流动，需要政府加强和扩大针对低收入群体的教育与培训，这些教育和培训包括成人教育、继续教育、远程教育等多种教育形式。

（二）调整教育政策，建立弱势群体补偿制度

2006年3月，中国政府在"十一五"规划中首次提出要更加注重对贫困家庭子女的扶助，通过寄宿学习、家庭寄养、免费职业教育、社会托养等形式，改善其成长环境，防止贫困代际传递，这是在党和政府的正式文件中第一次出现"贫困代际传递"这一概念，说明了贫困的代际间传递问题已经引起高度重视，也在一定程度上体现了中国反贫困战略调整中的新动向（谢勇，2008）。党的十九大报告指出要注重扶贫同扶志、扶智相结合，深入实施东西部扶贫协作。未来的政策中，为防止"贫困代际传递"，政府在教育经费投入、资源配置等方面，要加强向处于弱势的农村经济落后地区、中西部地区、城镇贫困群体、弱势群体以及进城务工农民子女倾斜，为低收入群体的子女提供教育机会。

（三）完善教育贷款制度，提高教育的融资水平

对于低收入家庭而言，尽管教育人力资本的投资收益率较高，但由于自身收入水平的制约，低收入家庭本身无法承担人力资本的投资，国家提供的教育融资渠道对低收入家庭进行人力资本投资至关重要。

目前，助学贷款可以说是我国资本市场上针对低收入群体和困难家庭所提供的主要教育信贷形式，但是由于中国的助学贷款制度起步较晚，制度本身尚不完善，再加上我国目前经济基础薄弱，政府财力有限以及缺乏发育良好的金融市场和信用制度建设滞后等客观制约，从而使得中国的助学贷款制度还不能给低收入群体子女接受高等教育提供充足而有力的信贷支持，助学贷款的政策效果还有待进一步提升。从人力资本投资视角考虑，在收入不平等状况恶化的情况下，部分低收入群体将难以承受人力资本投资支出，在缺乏相关融资渠道，

或资本市场不完善的情况下，父辈的收入不平等将可能导致子辈的人力资本存量的不平等，在人力资本拥有较高收益率的背景下，这将造成子辈间的收入不平等，进而出现收入不平等的代际传递。因此，政府要尽快建立更加完善的教育资助制度，加强对贫困群体、弱势群体家庭子女的资助，同时要加大助学贷款的力度。

三、完善社会保障体系，提供基本的医疗保障服务

本书的分析结果表明，健康是影响我国居民代际收入传递的第三大因素，而且在农村地区的代际收入传递中健康的贡献率远远高于城镇地区。因此，对于农村地区，增进其代际流动性的政策重点在于改善包括农村医疗设施在内的公共设施，提高医疗服务的可及性，增加对低收入农民的转移支付，从而改善其健康状况。

我国政府一直致力于建立和完善农村医疗保险制度，2003 年起通过建立新型农村合作医疗制度并补贴保险费用为农民提供基本的医疗保障。《关于建立新型农村合作医疗制度的意见》中指出："新型农村合作医疗制度是由政府组织、引导、支持，农民自愿参加，个人、集体和政府多方筹资，以大病统筹为主的农民医疗互助共济制度"。新型农村合作医疗是目前中国农村最主要的医疗保险形式，其政策设计要求政府为农村提供初级医疗卫生服务，为农民提供公平的医疗保障再分配，特别是保障因支付不起医疗费而导致家庭生活陷入贫困的弱势群体，通过补贴和政策倾斜，满足他们对基本医疗卫生服务的需求。健康服务产业是一个提供公共产品的领域，需要政府的干预和调节，政府应加大投入，进一步提高农村合作医疗覆盖率，强化措施，积极筹措资金，加强医疗保障基金管理，不断提高医疗保障服务水

平，确保新农合工作健康有序运转。

第三节　研究展望

关于收入不平等背后的原因——机会不平等，国外多采用代际收入流动性这一指标度量，并已经进行了较为深入的研究，然而由于数据限制，国内的相关研究相对有限，本书利用CHNS数据库对中国城乡居民的代际收入流动性进行了探索性研究，通过测度并分解代际收入弹性来考察中国城乡居民的代际收入流动性状况，以期从动态的视角来阐释中国收入分配领域的相关问题。但是受时间、所掌握资料、数据及本人研究水平等因素的限制，仍有一些问题在研究中未能得以深入探讨，还需要在本书的基础上作更为详细和深入的研究。具体而言，笔者将对以下问题作进一步的深入研究：

由于本书所利用的面板数据历时近二十年，因此存在一定程度的样本流失问题，这一定程度上会影响代际收入流动性的测度结果，在数据资料允许的情况下，进一步的研究应尽可能避免样本流失等问题的影响，如考虑从农村家庭中通过升学等其他途径流出成为城镇居民的样本，从而使得对于代际收入弹性的测度更为准确。

在样本允许的情况下，应进一步对父亲与女儿、母亲与儿子以及母亲与女儿之间的代际收入流动状况进行分析，同时还应该深入考察父辈与子辈在不同年龄段上的代际收入流动性差异。

由于研究数据的限制，本书关于代际收入传递机制的分析不够深入和全面，这也是今后需要继续完善的地方。

参考文献

[1] 白雪梅:《教育与收入不平等：中国的经验研究》,《管理世界》2004年第6期。

[2] 边燕杰、洪询:《中国和新加坡的关系网和职业流动》,《国外社会学》1999年第4期。

[3] 边燕杰、张文宏:《经济体制、社会网络与职业流动》,《中国社会科学》2001年第2期。

[4] 陈晖:《农村劳动力流动中的社会资本分析》,《农村经济》2008年第6期。

[5] 陈琳、袁志刚:《中国代际收入流动性的趋势与内在传递机制》,《世界经济》2012年第6期。

[6] 陈婴婴:《职业结构与流动》, 东方出版社1995年版。

[7] 程永宏:《改革以来全国总体基尼系数的演变及其城乡分解》,《中国社会科学》2007年第4期。

[8] 封进、余央央:《中国农村的收入差距与健康》,《经济研究》2007年第1期。

[9] 郭丛斌、丁小浩:《职业代际效应的劳动力市场分割与教育的作用》,《经济科学》2004年第3期。

[10] 郭丛斌、闵维方:《中国城镇居民教育与收入代际流动的关系研究》,《教育研究》2007年第5期。

[11] 韩军辉:《关于我国居民代际收入流动的研究》,《统计与决策》2009年第10期。

[12] 何石军、黄桂田:《代际网络、父辈权力与子女收入——基于中国家庭动态跟踪调查数据的分析》,《经济科学》2013年第4期。

[13] 姜继红:《社会资本与就业研究》,社会科学文献出版社2005年版。

[14] 蒋乃华、卞智勇:《社会资本对农村劳动力非农就业的影响——来自江苏的实证》,《管理世界》2008年第12期。

[15] 赖德胜:《教育与收入分配》,北京师范大学出版社2000年版。

[16] 李菁等:《信贷约束、土地和不发达地区农户子女教育投资》,《中国人口科学》2002年第6期。

[17] 李建民:《人力资本通论》,上海三联书店1999年版。

[18] 李实、赵人伟:《中国居民收入分配再研究》,《经济研究》1999年第4期。

[19] 李实:《收入分配与和谐社会》,《中国人口科学》2007年第5期。

[20] 李实、杨穗:《中国城市低保政策对收入分配和贫困的影响作用》,《中国人口科学》2009年第5期。

[21] 李春玲:《当代中国社会的声望分层——职业声望与社会经济地位指数测量》,《社会学研究》2005年第2期。

[22] 李晓华:《技能回报、经济转型与工资不平等的上升》,浙江大学博士学位论文,2007年。

[23] 边燕杰:《市场转型与社会分层:美国社会学者分析中国》,生活·读书·新知三联书店 2002 年版。

[24] 刘波等:《我国居民收入差距中的机会不平等——基于 CGSS 数据的实证研究》,《上海经济研究》2015 年第 8 期。

[25] 刘华:《收入差距与城镇教育回报率的逻辑关系解析》,南京农业大学博士学位论文,2007 年。

[26] 陆铭、陈钊:《城市化、城市倾向的经济政策与城乡收入差距》,《经济研究》2004 年第 6 期。

[27] [美] 迈克尔·P. 托达罗:《经济发展》,黄卫平、彭刚等译,中国经济出版社 1999 年版。

[28] [美] 詹姆斯·科尔曼:《社会理论的基础》,邓方译,社会科学文献出版社 1999 年版。

[29] 权衡:《收入差距与收入流动:国际经验比较及其启示》,《社会科学》2008 年第 2 期。

[30] 汝信等主编:《2009 年中国社会形势分析与预测》,社会科学文献出版社 2008 年版。

[31] [法] 克洛德·泰洛特:《父贵子荣——社会地位和家庭出身》,殷世才、孙兆通译,社会科学文献出版社 1992 年版。

[32] 史新杰等:《中国收入分配中的机会不平等》,《管理世界》2018 年第 3 期。

[33] 万广华、陆铭、陈钊:《全球化与地区间收入差距:来自中国的证据》,《中国社会科学》2005 年第 3 期。

[34] 王海港:《中国居民收入分配的代际流动》,《经济科学》2005 年第 2 期。

［35］王洪亮、徐翔:《收入不平等孰甚：地区间抑或城乡间》,《管理世界》2006年第11期。

［36］王敏、李茜:《教育深化、社会资本差异与我国代际收入公平——新“读书无用论”引发的思考》,《云南财经大学学报》2008年第5期。

［37］王小鲁、樊纲:《中国收入差距的走势和影响因素分析》,《经济研究》2005年第10期。

［38］王朝明、胡棋智:《中国收入流动性实证研究——基于多种指标测度》,《管理世界》2008年第10期。

［39］韦乡逢、李早华:《人力资本理论与社会资本理论的比较分析》,《现代企业教育》2008年第8期。

［40］谢勇:《人力资本与收入不平等的代际间传递》,《上海财经大学学报》2006年第2期。

［41］谢勇、李放:《贫困代际间传递的实证研究——以南京市为例》,《贵州财经学院学报》2008年第1期。

［42］邢春冰:《中国农村非农就业机会的代际流动》,《经济研究》2006年第9期。

［43］许欣欣:《当代中国社会结构变迁与流动》，社会科学文献出版社2000年版。

［44］杨婕娱:《社会关系网络在求职过程中的马太效应分析》,《长沙民政职业技术学院学报》2006年第3期。

［45］姚先国、赵丽秋:《中国代际收入流动与传递路径研究：1989—2000》，中国经济学年会论文，2006年。

［46］袁中萸:《多元线性回归模型中缺失数据填补方法的效果比

较》，中南大学硕士学位论文，2008 年。

[47]张兵：《贫困代际传递理论发展轨迹及其趋向》，《理论学刊》2008 年第 4 期。

[48] 章奇等：《收入流动性和收入分配：来自中国农村的经验证据》，《经济研究》2007 年第 11 期。

[49] 赵丽秋：《人力资本投资与收入不平等——教育质量不平等的影响》，《南方经济》2006 年第 4 期。

[50] 赵人伟等主编：《中国居民收入分配再研究：经济改革和发展中的收入分配》，中国财政经济出版社 1999 年版。

[51] 赵延东：《再就业中的社会资本：效用与局限》，《社会学研究》2002 年第 4 期。

[52] 周天勇：《劳动与经济增长》，上海三联书店、上海人民出版社 1994 年版。

[53] Andersen，G.E.，*The New Egalitarianism*，Edited by Anthony Giddens and Patrick Diamond，Polity Press，2005.

[54] Atkinson，A.B.，*Social Justice and Public Policy*，Cambridge，Mass: MIT Press，1983.

[55] Atkinson，A.，Bourgulgnon F. and Morrisson C.，*Empirical Studies of Earnings Mobility*，Harwood Academic Publishers，1992.

[56] Banerjee，A. and Newman，A.，“Risk-Bearing and the Theory of Income Distribution”，*Review of Economic Studies*，1991.

[57] Barker, D. J.，“Fetal Origins of Coronary Heart Disease”，*British Medical Journal*，1995，Vol.311.

[58] Barker，D.J.，“Maternal Nutrition，Fetal Nutrition and

Diseases in Later Life", *Nutrition*, Vol.13, No.9 (1997) .

[59] Behrman, J.R. and Taubman P., "Intergenerational Earnings Mobility in the United States: Some Estimates and a Test of Beckers Intergenerational Endowments Model", *The Review of Economics and Statistics*, Vol.67, No.1 (1985) .

[60] Beugelsdijk S., Schaik T.V., *Social Capital and Regional Economic Growth*, ERSA Conference Papers, European Regional Science Association, 2003.

[61] Björklund, A. and M. Jäntti, "Intergenerational Income Mobility in Sweden Compared to the United State", *American Economic Review*, Vol.87, No.5 (1997) .

[62] Blau, P. and Duncan O. D., *The American Occupational Structure*, New York: The Free Press, 1967.

[63] Bowles, S., "Schooling and Inequality from Generation to Generation", *Journal of Political Economy*, Vol.80, No.3 (1972) .

[64] Bowles, S. and Gintis, H., "The Inheritance of Inequality", *Journal of Economic Perspectives*, Vol.16, No.3 (2002) .

[65] Bourdieu, "The Forms of Capital", in J. G. Richardson, et al., *Handbook of Theory and Research for the Socilogy of Education*, New York: Greenwood, 1986.

[66] Case, A. Lubotsky, D. and Paxson, C., "Economic Status and Health in Childhood: The Origins of the Gradient", *The American Economic Review*, Vol.92, No.55 (2002) .

[67] Clamcy, Patrick, "Higher Education in the Republic of

Ireland: Participation and Performance", *Higher Education Quarterly*, Vol.51, No.1 (1997).

[68] Coleman, J., "Social Capital in the Creation of Human Capital", *American Journal of Sociology*, 1988.

[69] Corak M., "Do Poor Children Become Poor Adults? Lessons from a cross Country Comparison of Generational Earnings Mobility", *Iza Discussion Papers*, Vol.13, No.6 (2006).

[70] Corak Miles and Heisz Andrew, "The Intergenerational Earnings and Income Mobility of Canadian Men Evidence from Longitudinal Income Tax Data", *The Journal of Human Resources*, Vol.34, No.3 (1999).

[71] Dearden, L. Machin, S. and Reed, H., "Intergenerational Mobility in Britain", *The Economic Journal*, Vol.107, No.44 (1997).

[72] Dirk Van De Gaer et al., "Three Meanings of Intergenerational Mobility", *Economica*, Vol.68, No.272 (2001).

[73] Dunn, Christopher E., "The Intergenerational Transmission of Lifetime Earnings: Evidence from Brazil", *The B.E. Journal of Economic Analysis & Policy*, 2007.

[74] Eide, E.R. and Showalter, M.H., "Factors Affecting the Transmission of Earnings Across Generations: A Quantile Regression Approach", *The Journal of Human Resources*, Vol.34, No.2 (1999).

[75] Elizabeth, H. Peters, "Patterns of Intergenerational Mobility in Income and Earnings", *The Review of Economics and Statistics*, Vol.74, No.3 (1992).

[76] Erikson R. and Goldthorpe J. H., "Intergenerational Inequality: A Sociological Perspective", *Journal of Economic Perspectives*, Vol.16, No.3 (2002).

[77] Ferreira S. and F. Veloso, "Intergenerational Mobility of Wages in Brazil", *Brazilian Review of Econometrics*, Vol.26, No.2 (2006).

[78] Fields G. and OK F., "The Meaning and Measurement of Income Mobility", *Journal of Economic Theory*, No.71 (1996).

[79] Fields G. and OK F., "Measuring Movement of Income", *Economica*, Vol.66, No.264 (1999a).

[80] Fields G. and OK F., *The Measurement of Income Mobility: An Introduction to the Literature*, in Silber J. (eds.), Handbook of Income Inequality Measurement, Boston：Kluwer Academic Publishers, 1999b.

[81] Fields G., *Distribution and Development：A New Look at the Developing World*, London: The MIT Press, 2001.

[82] Gambin L.M., "The Impact of Health on Wages in Europe -Does Gender Matter?", *Health, Econometrics and Data Group (HEDG) Working Papers*, 2005.

[83] Galor, O.and Ziera, J., "Income Distribution and Macroeconomics", *Review of Economic Studies*, No.60 (1993).

[84] Galton, F., "Typical Laws of Heredity", *Nature*, No.8 (1877).

[85] Gary S. Becker and Nigel Tomes, "An Equilibrium Theory of the Distribution of Income and Intergenerational Mobility", *The Journal*

of Political Economy, Vol.1387, No.6（1979）.

［86］Gary S. Becker, *Human Capital and Personal Distribution of Income：An Analytical Approach*, Ann Arbor：Univ. Michigan Press, 1967.

［87］Gary S. Becker, *Human Capital：A Theoretical and Empirical Analysis, with Special Reference to Education*, University Of Chicago Press, 1993.

［88］Grawe, N.D., *Intergenerational Mobility in the US and Abroad: Quantile and Mean Regression Measures*, Chicago, United States: University of Chicago, Doctoral, 2001.

［89］Irving Fisher, *The Nature of Capital and Income*, New York: Macmillan, 1906.

［90］James, R., "Non-Traditional Students in Australian Higher Education: Persistent Inequities and the New Ideology of 'Student Choice'", *Tertiary Education and Management*, Vol.6, No.2（2000）.

［91］Jones, A.M., "Panel Data Methods and Applications to Health Economics", in Mills, T.C., Patterson, K. (eds.), *The Palgrave Handbook of Econometrics Volume 2, Applied Econometrics*, Palgrave MacMillan, 2008.

［92］Kanbur, Ravi and Xiaobo Zhang, "Which Regional Inequality? The Evolution of Rural-Urban and Inland-Coastal Inequality in China from 1983 to 1995", *Journal of Comparative Economics*, No.27（1999）.

［93］Koenker, Roger and Gilbert Bassett, Jr., "Robust Tests for Heteroscedasticity, Based on Regression Quantiles", *Econometrica*,

Vol.50, No.1（1982）.

[94] Lillard L.A., Kilburn M.R., "Intergenerational Earnings Links: Sons and Daughters", *Papers*, Vol.20, No.4（1995）.

[95] Liu, G.G. Dow, W.H. and Fu, A.Z., "Income Productivity in China: On the Role of Health", *Journal of Health Economics*, Vol.27, No.1（2008）.

[96] Lucas, S.R., "Effectively Maintained Inequality: Education Transitions, Track Mobility, and Social Background Effects", *American Journal of Sociology*, No.6（2001）.

[97] Maasoumi, Esfandiar and Zandvakili, Sourushe, "A Class of Generalized Measures of Mobility with Applications", *Economics Letters*, Vol.22, No.1（1986）.

[98] María Cervini Plá, "Intergenarational Earnings Mobility in Spain", *Department of Applied Economics at Universitat Autonoma of Barcelona*, *Working Papers*, wpdea0904, 2007.

[99] Meade, J.E., *The Just Economy*, Albany: State University of New York Press, 1976.

[100] Mulligan, G.B., "Galton Versus the Human Capital Approach to Inheritance", *The Journal of Political Economy*, Vol.107, No.6（1999）.

[101] Nee V., "The Emergence of a Market Society：Changing Mechanisms of Stratification in China", *American Journal of Sociology*, 1996.

[102] Ng, Irene, "Intergenerational Income Mobility in Singapore ", *The B.E. Journal of Economic Analysis & Policy*, 2007.

［103］Nicoletti, C., and M. Francesconi, "Intergenerational Mobility and Sample Selection in Short Panels ", *Journal of Applied Econometrics*, Vol.21, No.8（2006）.

［104］Núñez, Javier and Leslie Miranda, *Recent Findings on Intergerational Income and Educational Mobility in Chile*, Santiago, Chile: Universidad de Chile., 2006.

［105］Parish William, L., *Destratification in China.in Class and Social Stratification in Post Revolution China*, edited by J. L.Watson, Cambridge: Cambridge University Press, 1984.

［106］Peter M. Blau and Otis Dudley Duncan, *The American Occupational Structure*, New York, 1967.

［107］Prais, S.J., "Measuring Social Mobility", *Journal of Royal StatisticalSociety Series*, No.118（1955）.

［108］Putnam.R.D., *Making Democracy Work：Civic Traditions in Modern Italy*, Princeton, NJ: Princeton University Press, 1993.

［109］Restuccia, D. and Urrutia, C., "Intergenerational Persistence of Earnings: The Role of Early and College Education", *The American Economic Review*, Vol.95, No.5（2004）.

［110］Quinlivan, Gary M., "New Markets, New Opportunities? Economicand Social Mobilityina Changing World (Book)", *International Journal on World Peace*, 2000.

［111］Shorrcks A., "The Measurement of Mobility", *Econometrica*, No.46（1978a）.

［112］Shorrcks A., "Income Inequality and Income Mobility",

Journal of Economic Theory, No.46（1978b）.

［113］Solon, Gary, "Biased in Estimation of Intergenerational Earnings Correlations", *Review of Economics and Statistics*, Vol.71, No.1（1989）.

［114］Solon, Gary, "Intergenerational Income Mobility in the United States", *The American Economic Review*, Vol.82, No.3（1992）.

［115］Solon G., "Intergenerational Mobility in the Labor Market", *Handbook of Labor Economics*, No.3（1999）.

［116］Van de gaer, D. Schokkaert, E. and M. Martinez, "Three Meanings of Intergenerational Mobility", *Economica*, Vol.21, No.68（2001）.

［117］Wan G., Lu M., Chen Z., "Globalization and Regional Income Inequality: Evidence from within China", *Review of Income and Wealth*, Vol.53, No.1（2007）.

［118］Xiaodong Wu, "Foreign Direct Investment, Intellectual Property Rights, and Wage Inequality in China", *China Economic Review*, No.11（2000）.

［119］Yao, Shujie, and Liwei Zhu, "Understanding Income Inequality in China: A Multi—Angle Perspective", *Economics of Planning*, Vol.31, No.2（1998）.

［120］Yang, Dennis Tao, "Urban-Biased Policies and Rising Income Inequality in China", *American Economic Review*, Papers and Proceedings, Vol.89, No.2（1999）.

责任编辑：吴炤东
封面设计：王欢欢

图书在版编目（CIP）数据

中国城乡居民代际收入流动性研究/方鸣 著．—北京：人民出版社，2022.2
ISBN 978-7-01-023781-7

Ⅰ．①中…　Ⅱ．①方…　Ⅲ．①国民收入分配-研究-中国　Ⅳ．①F124.7

中国版本图书馆 CIP 数据核字（2021）第 190035 号

中国城乡居民代际收入流动性研究

ZHONGGUO CHENGXIANG JUMIN DAIJI SHOURU LIUDONGXING YANJIU

方　鸣　著

人民出版社 出版发行
（100706　北京市东城区隆福寺街 99 号）

中煤（北京）印务有限公司印刷　新华书店经销

2022 年 2 月第 1 版　2022 年 2 月北京第 1 次印刷
开本：710 毫米×1000 毫米 1/16　印张：10.25
字数：120 千字

ISBN 978-7-01-023781-7　定价：45.00 元

邮购地址 100706　北京市东城区隆福寺街 99 号
人民东方图书销售中心　电话（010）65250042　65289539